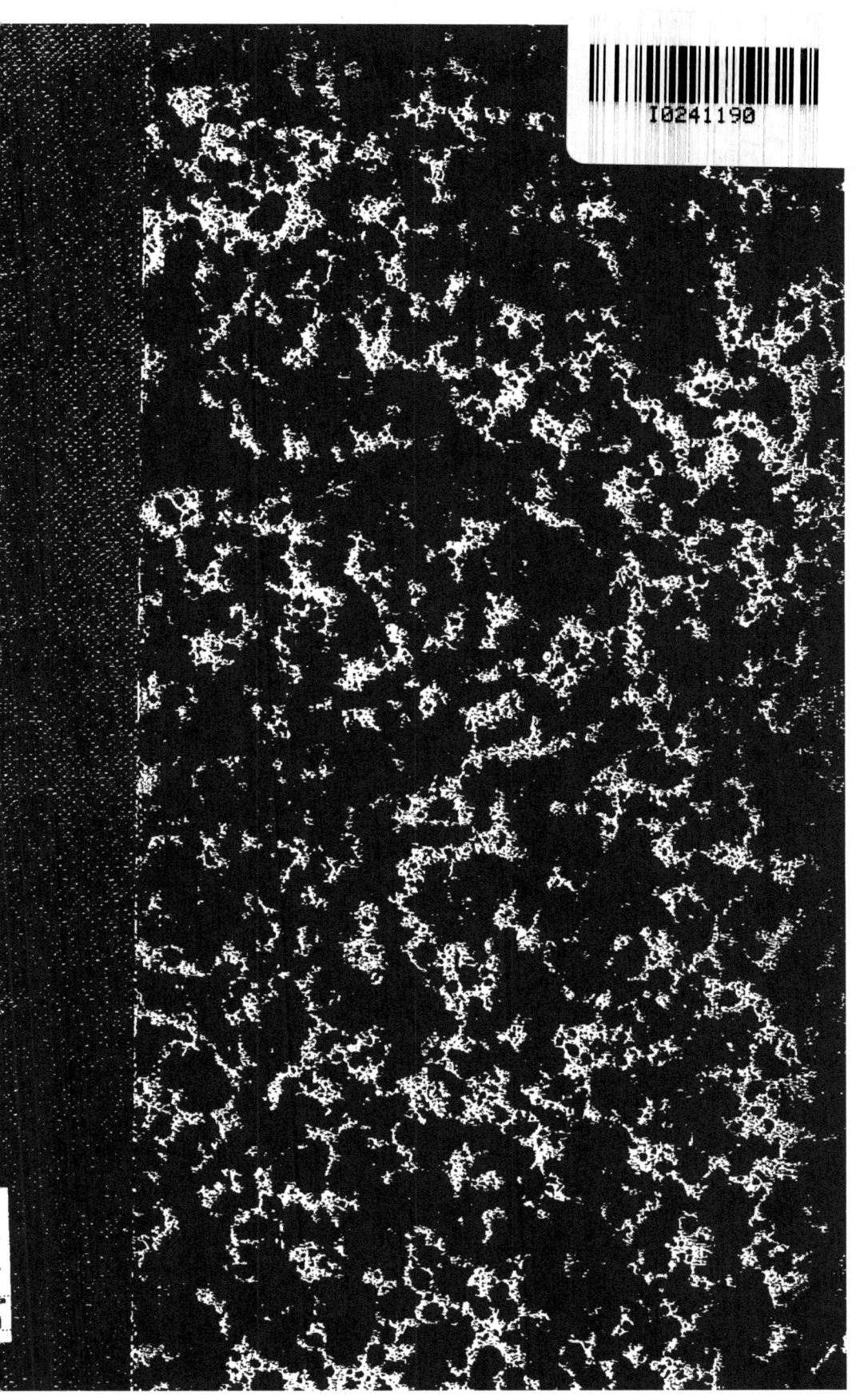

RÉCIT

DES

TROUBLES DE MONTAUBAN

(10 MAI 1790).

Imprimé à CENT exemplaires

RÉCIT

DES

TROUBLES DE MONTAUBAN

(10 MAI 1790)

BIBLIOGRAPHIE

DES ÉCRITS RELATIFS A CET ÉVÈNEMENT,

PAR

ÉM. FORESTIÉ Neveu,

MEMBRE DE LA SOCIÉTÉ ARCHÉOLOGIQUE
ET DE L'ACADÉMIE DES SCIENCES, BELLES-LETTRES ET ARTS
DE TARN-ET-GARONNE,
ANCIEN ARCHIVISTE HONORAIRE DE MONTAUBAN.

MONTAUBAN,

IMP. ET LITH. FORESTIÉ, RUE DU VIEUX-PALAIS, 23.

1883.

A NOS CONCITOYENS,

Nous aurions désiré qu'un siècle se fût écoulé depuis le 10 mai 1790, avant de publier le récit de cette malheureuse journée, récit qui n'a jamais été fait d'une manière complète et impartiale, à notre avis, ce qui constitue dans notre histoire locale une regrettable lacune, que nous avons essayé de combler par le résumé des nombreux écrits répandus à cette occasion et réunis en partie dans notre collection bibliographique (1). Si aujourd'hui nous devançons l'époque d'abord assignée à l'impression de ce travail, c'est parce qu'à notre âge on ne peut se promettre de réaliser un projet dont l'exécution serait renvoyée à plusieurs années. Une autre considération a pesé sur notre décision : de l'étude consciencieuse des faits qui précédèrent ce triste évènement, de ses diverses circonstances et de ses suites, il devrait ressortir, croyons-nous, un utile enseignement pour les administrateurs de notre ville, ainsi que pour nos concitoyens, surtout dans les temps troublés et agités que nous traversons.

Le 10 mai 1790 il n'y eut pas de complot, il n'y eut pas d'assassinat prémédité : nous l'affirmons avec une profonde conviction basée sur une étude patiente et consciencieuse ;

---

(1) Voir ci-après, p. 65, la *Bibliographie* des Ecrits relatifs aux troubles de Montauban, du 10 mai 1790, et aux faits qui les ont précédés ou suivis.

mais nous reconnaissons que les magistrats municipaux n'agirent pas avec assez de prudence et d'énergie. En présence d'une population fortement impressionnée par les perturbations que le nouveau régime causait dans la plupart des familles, ils auraient dû être toujours prêts à maintenir l'ordre, même au besoin par la force, au lieu de compter sur leur influence pour calmer, pour maîtriser l'effervescence populaire ; s'ils furent cruellement désabusés de leur trop grande confiance, il faut reconnaître qu'ils agissaient loyalement.

Il est certain que par les changements opérés dans l'organisation politique, civile et religieuse, qui auraient pu se réaliser en grande partie lentement et sans catastrophes, presque tous les Montalbanais étaient frappés dans leurs intérêts, car la suppression, décidée ou projetée, de la Cour des Aides, du Bureau des finances, de l'Evêché et de toutes les administrations, atteignait également les fonctionnaires, les propriétaires et les ouvriers, en enlevant son importance à notre cité, réduite à n'être plus que le chef-lieu d'un arrondissement du département du Lot. On comprend donc pourquoi la majorité de nos concitoyens regrettait l'ancien état de choses et voyait avec crainte les bouleversements sociaux ; la minorité, au contraire, approuvait les nouvelles institutions, et méconnaissait les intentions libérales de Louis XVI, qui avait laissé tomber en désuétude les édits de persécution et supprimé les entraves apportées à leur culte : aussi le désaccord était-il manifeste entre la Municipalité et la Garde nationale, qui représentaient assez exactement les deux courants opposés, ce qui devait forcément provoquer un conflit. La création de nouvelles compagnies, formées principalement de citoyens ayant d'abord refusé d'entrer dans la milice, surexcita vivement les passions, et la visite des couvents fut l'étincelle qui alluma l'incendie au sein d'une population éminemment catholique.

Le récit que nous publions, et qui est emprunté aux documents officiels les moins passionnés (1) — ils le sont presque tous, — justifiera notre opinion, qui est d'accord avec celle de quelques victimes du 10 mai que nous avons connues. Après un demi siècle ces témoins oculaires appréciaient froidement les causes de ces troubles, et reconnaissaient volontiers « qu'ils avaient agi comme des étourdis. »

En signalant le grand nombre d'écrits distribués pour attaquer ou pour défendre la Municipalité montalbanaise, nous espérons prouver qu'on ne doit pas accepter sans examen le jugement porté par des contemporains dans ces pièces ; aussi avions-nous l'intention de les analyser ; mais nous avons renoncé à ce travail, qui aurait été long et peu intéressant, car la dixième partie à peine mérite d'être lue : les autres, qu'on peut classer en deux groupes, ne font que répéter les mêmes faits, les dénaturant le plus souvent, et quelquefois avec la plus coupable ignorance des lieux et des personnes.

Si l'on compare ces troubles aux massacres qui eurent lieu à Nîmes les 13, 14 et 15 juin de la même année, on se demande comment l'opinion publique put être si fort excitée contre Montauban, où malheureusement cinq protestants

(1) Le *Moniteur*, qui était le journal officiel en 1790, ne donne qu'un compte-rendu sommaire des débats de l'Assemblée nationale, et consacre deux ou trois colonnes aux séances les plus importantes. Pour notre travail nous avons consulté les feuilles périodiques imprimées à Montauban, les documents conservés dans nos archives municipales, et enfin plus de 150 imprimés dont nous donnons les titres, p. 65.

avaient perdu la vie, alors qu'on se préoccupa si peu des évènements qui ensanglantèrent la ville de Nîmes, où périrent plus de cinq cents catholiques ; d'un côté le désordre dura quelques heures, et de l'autre la lutte fut si violente pendant trois jours, qu'il fallut l'intervention des troupes de Montpellier pour mettre fin au carnage. Cependant la Municipalité montalbanaise fut appelée à la barre de l'Assemblée nationale qui la suspendit, deux de ses membres montèrent sur l'échafaud, et les autres durent émigrer ou se cacher pendant la Terreur, tandis que les administrateurs nîmois ne furent nullement inquiétés.

Ce que nous disons est si vrai, que M. Mary-Lafon dans son *Histoire du Midi* et M. Taine dans son ouvrage sur la *Révolution*, ont cru devoir le faire remarquer : aussi reproduisons-nous les appréciations de ces écrivains, dont les sympathies pour les principes politiques de 1789 ne sauraient être contestées :

« Le 13 juin, les catholiques nîmois, dit M. Mary-Lafon, avaient tenu aux Dominicains une assemblée de tout point analogue à la réunion des Cordeliers. Il s'agissait là, comme à Montauban, de rédiger une pétition tendant à ce que nul changement ne pût s'opérer dans la hiérarchie ecclésiastique sans le concours d'un concile général. Pendant la délibération, un soldat de la compagnie des dragons nationaux, qui existait aussi à Nîmes, et se composait également de protestants, provoqua brusquement un de ces hommes du peuple appelés *cébets*, mangeurs d'oignons, par les réformés riches, et lui donna un coup de sabre. Ce fut l'étincelle électrique. Les protestants ne demandaient qu'à prendre leur revanche de l'échec de Montauban, et à laver dans le sang la triste amende honorable de leurs frères ; ils saisirent cette occasion : des émissaires partirent à l'instant pour les Cévennes et la Vaunage, et, le lendemain, 18,000 fanatiques accourus la faux et le fusil à la main, des bords du Gardon et des *Garrigues sauvages*, entrèrent dans Nîmes et se rangèrent sur l'Esplanade.

« Pour premier exploit, ces auxiliaires exaltés brisèrent les portes du couvent des Capucins, firent sauter les religieux sur les baïonnettes et pillèrent les cellules. Réunis ensuite aux dragons et au régiment de Guyenne fédéré avec ces derniers, ils attaquèrent la légion nîmoise, qui soutenait vaillamment le choc, et l'écrasèrent.

« Les catholiques de Montauban avaient tué *cinq* protestants ; les protestants de Nîmes, dans les journées des 13, 14 et 15 juin, fusillèrent *cinq cents* catholiques (1). »

Voici maintenant en quels termes un membre de l'Académie française, républicain libéral, raconte les mêmes atrocités :

« Un mois après, écrit M. H. Taine, à Nîmes l'échauffourée, plus sanglante, tourne contre les catholiques. A la vérité sur 54,000 habitants, les protestants ne sont que 12,000 ; mais le grand commerce est entre leurs mains ; ils tiennent les manufactures ; ils font vivre 30,000 ouvriers, et aux élections de 1789 ils ont fourni cinq députés sur huit.

« Le 13 juin 1790, il s'agit de savoir quel parti donnera des administrateurs au district et au département ; à propos d'élections, le combat s'engage. Au poste de l'évêché où se tient l'assemblée électorale, les dragons protestants et patriotes sont venus trois fois plus nombreux qu'à l'ordinaire, mousquetons et pistolets chargés, la giberne bien garnie, et ils font patrouille dans les alentours. De leur côté les poufs rouges, royalistes et catholiques, se plaignent d'être menacés, nargués. Ils font avertir le suisse de ne plus laisser entrer aucun dragon à pied ni à cheval sous peine de vie et déclarent que l'évêché n'est pas fait pour servir de corps de garde.

« Attroupements, cris sous les fenêtres ; des pierres sont jetées ; la trompette d'un dragon qui sonnait le rappel est brisée ; deux coups de fusil partent. Aussitôt les dragons font une décharge générale qui blesse beaucoup d'hommes et en tue sept.

« A partir de ce moment, pendant toute la soirée et toute la nuit, on tire dans toute la ville, chaque parti croyant que l'autre

---

(1) *Histoire du Midi de la France*, t. IV, p. 393.

veut l'exterminer, les protestants persuadés que c'est une Saint-Barthélemy, les catholiques que c'est une Michelade. Personne pour se jeter entre eux. Bien loin de donner des ordres, la municipalité en reçoit ; on la rudoie, on la bouscule, on la fait marcher comme un domestique....

« Cependant Froment et ses trois compagnies, cantonnées dans leurs tours et leurs maisons du rempart, résistent en désespérés. Mais le jour a paru, le tocsin a sonné, la générale a battu, les milices du voisinage, les protestants de la montagne, rudes Cévenols, arrivent en foule. Les poufs rouges sont assiégés ; un couvent de Capucins, d'où l'on prétend qu'ils ont tiré, est dévasté, cinq Capucins sont tués. La tour de Froment est démolie à coups de canon, prise d'assaut; son frère est massacré, jeté en bas des murailles; un couvent de Jacobins, attenant aux remparts, est saccagé. Vers le soir tous les poufs rouges qui ont combattu sont tués ou en fuite ; il n'y a plus de résistance. Mais la fureur subsiste, et les 15,000 campagnards qui ont afflué dans la ville jugent qu'ils n'ont pas travaillé suffisamment....

« A Nîmes seulement, 120 maisons sont saccagées ; mêmes ravages dans les environs ; au bout de trois jours, le dégât monte à 7 ou 800,000 livres. Nombre de malheureux sont égorgés chez eux, ouvriers, marchands, vieillards, infirmes ; il y en a qui, retenus dans leur lit depuis plusieurs années, sont traînés sur le seuil de leur porte pour y être fusillés ; d'autres sont pendus sur l'Esplanade, au Cours Neuf ; d'autres hachés vivants à coups de faux et de sabres, les oreilles, le nez, les pieds, les poignets coupés.

« Plus de 150 catholiques ont été assassinés, beaucoup d'autres, tout sanglants, sont entassés dans les prisons, et l'on continue les perquisitions contre les proscrits ; dès qu'on les aperçoit, on tire sur eux, comme sur des loups.

« Pour arrêter les meurtres, il faut l'intervention de la garde nationale de Montpellier. Mais, si l'ordre est rétabli, ce n'est qu'au profit du parti vainqueur. Les trois cinquièmes des électeurs se sont enfuis ; un tiers des administrateurs du district et du département a été nommé en leur absence et la majorité des nouveaux directoires est prise dans le club patriote. C'est pourquoi les détenus sont traités d'avance en coupables. Nul huissier n'ose leur prêter son ministère, ils ne sont pas admis à faire la preuve de leurs faits justificatifs, et personne n'ignore que les juges ne sont pas libres (1).

Nous avons à regret, trop longuement peut-être, insisté sur les évènements du Gard, afin de répondre aux accusations de fanatisme souvent formulées depuis un siècle contre la population montalbanaise, surtout par ceux de nos concitoyens qui auraient dû se montrer les plus indulgents, car ils n'ignoraient pas les excès de leurs coreligionnaires de Nîmes.

Puisque l'occasion se présente naturellement, nous dirons qu'on a voulu, bien à tort, faire un rapprochement entre les troubles du 10 mai 1790 et la rixe qui eut lieu le 22 octobre 1815, entre des lanciers et de jeunes montalbanais : il n'y a aucun rapport entre ces deux malheureuses affaires ; et cette fois la Municipalité ne fut pas taxée d'imprévoyance, car elle ne pouvait prévoir qu'à la suite d'un bal quatre soldats seraient tués et quelques bourgeois blessés. Voici, en effet, d'après le *Journal de Tarn-et-Garonne*, le récit de cette triste journée :

« Dans la soirée du 22, une douzaine de sous-officiers du 3e escadron des lanciers de l'ex-garde, arrivé la veille, et six sous-officiers du 4e de lanciers depuis quelque temps en garnison dans cette ville, se réunirent pour souper ensemble à l'auberge du Lion-d'Or, en face de la salle de danse dite *des Variétés*. Après le repas, quelques-uns de ces lanciers, la tête sans doute échauffée par le vin, se présentèrent à la porte des Variétés, où le bal était déjà commencé, et voulurent entrer sans payer. Sur l'opposition de la sentinelle, le bruit de l'altercation attira auprès de la porte un ou deux lanciers qui étaient auparavant dans la salle, ainsi qu'un grand nombre de jeunes gens. Alors il s'engagea une rixe entre les lanciers et les jeunes gens, qui se voyant menacés, injuriés, quelques-uns même blessés par les lanciers armés de leurs sabres, s'opposèrent en masse à leur violence et les repoussèrent dans la rue. Dans ce moment le peuple des environs, attiré par

---

(1) *Les Origines de la France contemporaine. La Révolution*, t. I, p. 325.

le bruit, parut avec des fusils et d'autres armes, et dans un instant quatre de ces lanciers furent tués, après avoir blessé quatre ou cinq personnes. La multitude irritée voulait forcer l'auberge où étaient réfugiés les autres lanciers ; mais dans ce moment la gendarmerie royale, un fort détachement de la légion départementale, la garde nationale, le maréchal-de-camp commandant le département, le Préfet et le Maire arrivèrent au lieu de cette malheureuse scène, et parvinrent, par leur prudence et par leur fermeté, à faire cesser l'effusion du sang, et à rétablir le bon ordre. Les treize sous-officiers réfugiés dans l'auberge furent conduits à la prison de la ville, pour être interrogés dans la procédure dont on poursuit l'instruction. »

Dans son numéro du 4 novembre, le même journal ajoute :

« Depuis le funeste événement du 22 octobre, la tranquillité publique n'a pas été un seul instant troublée, grâce aux soins et aux sages mesures prises par les autorités supérieures, civiles et militaires, dont la présence calma l'effervescence populaire dans cette soirée malheureuse, et montra tout ce que peut le zèle du bien public, allié à la prudence et à la fermeté. »

Plus tard, en 1830, en 1847, en 1848, en 1870, Montauban fut vivement agité par des questions religieuses, économiques ou politiques, mais aucun malheur n'en fut la suite, grâce à la prudence de nos magistrats, grâce également à la sagesse de notre population ; et nous tenons à affirmer qu'il n'y a pas en France une ville où il y ait eu si peu de désordres à déplorer.

Avons-nous besoin d'ajouter qu'en publiant le récit des troubles du 10 mai 1790 nous n'avons pas eu l'intention de chercher à raviver le souvenir de ces malheurs : nous voudrions, si c'était possible, effacer de nos annales ces pages ensanglantées. Puisque nous ne le pouvons pas, nous espérons du moins, en rétablissant les faits, avoir diminué très sensiblement leur gravité.

Montauban, le 23 octobre 1882.

RÉCIT

DES

TROUBLES DE MONTAUBAN.

10 MAI 1790.

Le Rapport présenté à l'Assemblée nationale le 22 juillet 1790, par P.-J. Vieillard, député de la Manche, contient de nombreux renseignements sur les malheurs du 10 mai. Aussi commençons-nous le Récit de ces troubles par la reproduction de longs extraits de ce Rapport, auxquels nous ajoutons seulement quelques notes ; nous indiquons en même temps les documents cités par le rapporteur, avec leur numéro de classement dans la *Bibliographie des Ecrits relatifs aux troubles de Montauban* (1).

Faits qui ont précédé les troubles du 10 mai.

« Au mois de juillet 1789 une Garde nationale se forma dans la ville de Montauban. Le 11 septembre suivant, il fut fait un règlement général provisoire (2), relatif à sa formation, à son organisation, service et discipline. Trois bataillons furent créés : chaque bataillon, composé de huit compagnies, chaque compagnie de cent hommes, y compris les officiers. Il fut en outre créé une compagnie de dragons,

---

(1) Voir cette *Bibliographie*, ci-après, page 65. — Le titre complet du Rapport de P.-J. Vieillard est inscrit au n° 121.

(2) *Règlement provisoire pour la Milice bourgeoise*, etc. — Voir le n° 130.
La Garde nationale avait été établie et organisée en 1789 par un comité patriotique, né au sein des troubles et des alarmes. — *Manifeste de la Municipalité*, n° 88.

dont le nombre fut fixé à soixante hommes, sauf à être augmenté suivant les circonstances. Les officiers furent élus au scrutin, et devaient être renouvelés ou confirmés tous les six mois, excepté ceux de l'état-major, dont les fonctions devaient durer un an (1). Ce règlement, fait d'accord avec l'ancienne Municipalité, fut d'abord exécuté sans difficulté.

« Au mois de février 1790 il s'éleva une espèce de mésintelligence entre la Garde nationale et les Officiers municipaux qui venaient d'être élus (2), en exécution du décret du 14 décembre 1789.

Des brigands avaient essayé de piller, de brûler et de dévaster quelques châteaux: la Garde nationale offrit ses services à la Municipalité; elle fut même employée avec succès dans diverses circonstances (3).

Quelques citoyens, qui n'étaient point de la Garde natio-

(1) Le *Calendrier national, civil et militaire de la ville de Montauban*, année 1790, donne la composition de la Garde nationale montalbanaise au commencement de l'année, depuis les officiers de l'état-major jusqu'aux fusiliers et même les surnuméraires: Etat-major, MM. de Preissac, colonel-commandant; Constans-Manas, lieutenant-colonel; le chevalier de Saint-André, major en 1er, et de Gironde, major en 2e; Sirven, Poncet et Debia oncle, commandants des trois bataillons; d'Escorbiac, capitaine, commandant la compagnie des dragons, composée de 7 officiers, 13 sous-officiers et 52 cavaliers. Vers la fin du mois de mars, M. le baron de Puy-Monbrun fut nommé commandant général, èt M. d'Escorbiac remplaça comme major en 2e, M. de Gironde, démissionnaire; M. Rouffio-Crampes fut alors appelé au commandement des dragons.

(2) Ces élections eurent lieu le 1er février 1790. Furent nommés: maire, M. de Godaille d'Ayrac, marquis de Cieurac; officiers municipaux, MM. Caminel, comte de Gironde, Valet de Reganhac, Disses, Portal aîné, Domingon, Teulières, Mialaret, Vialètes d'Aignan, Arnac fils, Blazy de Bernoy, Satur, Lagarrigue et Vignals; procureur de la commune, Lade; substitut, Seguy de Castelneau.

(3) *Histoire* des brigandages commis dans le Limousin, le Périgord, le Quercy etc., (notamment l'abbaye de Lagarde-Dieu, les châteaux de Cieurac; du Colombier, appartenant à M. de Lesseps; de Monteils; de Lastours, à M. de Cazalès; de Labastide, d'Auty, de Cantemerle, de Lille, etc.), — Voir n° 63.

nale, se qualifièrent de Corps de volontaires, et, sous le prétexte de porter des secours et de poursuivre les brigands, se mirent en activité : ils rendirent compte à l'Assemblée nationale des mouvements qu'ils s'étaient donnés et des poursuites qu'ils avaient faites. L'Assemblée autorisa son président à leur écrire une lettre par laquelle il leur témoignerait la satisfaction de l'Assemblée nationale, de la conduite qu'ils avaient tenue (1).

Cette lettre fut rendue publique à Montauban, par la voie de l'impression (2). Les volontaires en obtinrent, des Officiers municipaux, la transcription sur les registres de la Municipalité; cet enregistrement contient des éloges donnés au zèle et aux sentiments qui animaient les volontaires pour la cause publique; il y est fait mention de l'enregistrement à la suite de la lettre imprimée (3).

La Garde nationale ne vit point avec indifférence les conséquences qui pouvaient résulter de la distinction d'un corps de volontaires d'avec les autres soldats citoyens : elle présenta, le 7 mars, à la Municipalité une pétition à cet égard (4), et fit remarquer aux Officiers municipaux que l'enregistrement de la lettre donnait lieu d'induire qu'ils reconnaissaient une existence légale à un corps qui ne devait en avoir aucune. Elle représenta les troubles occasionnés dans la ville de Lyon par l'existence de deux corps rivaux, et

(1) *Moniteur* du 22 février, compte-rendu de la séance du 18.

(2) La *Lettre* de M. le Président de l'Assemblée nationale, du 20 février, est imprimée à la page 62 de *l'Histoire des brigandages*, n° 63.

(3) Une ordonnance du Corps municipal, du 3 mars 1790, autorise la transcription de cette lettre sur le *Livre rouge* (ainsi désigné parce qu'il était recouvert d'une peau ou d'un papier de cette couleur); ce registre est conservé dans les archives municipales, mais plusieurs feuillets ont été perdus.

(4) Voir cette *Pétition* au *Registre des délib. du Conseil municipal*, f° 17.

l'effusion de sang qui s'en était suivie. Invoquant une ordonnance de l'ancienne Municipalité, qui avait rejeté ce corps de volontaires, elle demanda, avec instance, aux Officiers municipaux de déclarer, par acte authentique, qu'il n'existait « à Montauban d'autre corps militaire national que celui qui portait la dénomination de Garde nationale montalbanaise, et de faire défenses aux volontaires de s'assembler, sauf à s'incorporer dans la Garde nationale. » Celle-ci manifestait, dans cette pétition, le désagrément qu'elle éprouverait d'avoir, dès le premier pas, à réclamer auprès de l'Assemblée nationale une justice que les Officiers municipaux auraient refusée.

Le lendemain, 8 mars, la Municipalité fit imprimer et afficher une proclamation (1). Le préambule annonce son mécontentement sur le ton et la forme de la pétition, sur la menace de se pourvoir à l'Assemblée nationale ; elle dit que les volontaires n'avaient pas intention de former un corps permanent, ni la Municipalité celle de leur donner une existence légale... Elle termine par déclarer qu'il n'y a lieu de prononcer sur la pétition dont il s'agit, et par faire défenses de se réunir en assemblée, soit générale, soit particulière, sans en avoir prévenu la Municipalité, sans néanmoins empêcher la Garde nationale de délibérer sur les objets qui pouvaient légitimement la concerner.

Une lettre de M. le président de l'Assemblée nationale (2),

---

(1) *Proclamation* de MM. les Maire et Officiers municipaux, etc. — N° 106, et *Registre des délibérations*, f° 18.

(2) *Lettre* du Président de l'Assemblée nationale à M. de Preissac. — N° 86. L'enregistrement de cette lettre sur le *Livre rouge* fut autorisée par le Conseil municipal dans la séance du 27 mars, sur la demande de M. de Puy-Montbrun, commandant-général de la Garde nationale. — *Registre des délibérations*, f° 26, et *Livre rouge*.

adressée à la Garde nationale le 19 mars, dut terminer toute difficulté sur cet objet, en annonçant que la création d'un corps de volontaires était contraire aux décrets de l'Assemblée nationale, dont les principes étaient de maintenir l'unité de corps parmi les Gardes nationales.

« Il s'éleva bientôt une autre contestation.

La nouvelle Municipalité, d'après la délibération du Conseil général de la commune du 14 mars (1), fit une réquisition au colonel ou commandant, d'envoyer et faire remettre au secrétariat de l'hôtel-de-ville les clés de l'arsenal, des magasins et dépôts d'armes, de munitions et autres effets généralement quelconques. Ces clés avaient été laissées par l'ancienne Municipalité à la disposition du commandant.

Sur cette demande le conseil de guerre (2) députa quatre de ses membres vers la Municipalité, pour lui remettre les clés des poudres et munitions, et pour lui faire observer que le commandant n'avait pas à sa disposition la clé du grand arsenal, où étaient renfermés 400 fusils; que cette clé était déposée au greffe de la commune; qu'il n'avait que celle du petit arsenal, où étaient 150 fusils, tant pour le service extraordinaire de la Garde nationale, que pour s'exercer au maniement des armes (3).

(1) Cette réquisition n'est pas transcrite sur le *Registre des délibérations*.
(2) Composé de 25 officiers et 25 fusiliers. — *Calendrier de 1790*, page 128.
(3) On trouve au 4 mars, f° 8 du *Registre des délibérations*, l'inventaire des armes et des munitions. D'après cet inventaire il y avait : 59 fusils, avec leur bayonnette, dans le grand corps de garde ; 411, dont 22 sans bayonnette, dans une chambre, et 161 dans une autre pièce dont le major de la Garde nationale avait la clé, et qui contenait également un baril de poudre, quelques petits sacs de plomb, et 3,800 cartouches. — Cet inventaire constate aussi qu'il y avait dans la chambre du conseil un grand drapeau rouge, un petit drapeau rouge, un drapeau blanc, un drapeau aux armes de la ville, trois drapeaux et un guidon pour la Garde nationale.

Les députés du conseil de guerre demandèrent à la Municipalité que cette clé restât à la disposition du commandant de la Garde nationale, ajoutant que les intentions des chefs étaient d'assembler les bataillons les jours de dimanche et fêtes, pour les exercer et leur apprendre les évolutions militaires.

La Municipalité ne se contenta pas des clés qui lui étaient remises; elle ne goûta point les raisons sur lesquelles la Garde nationale s'appuyait pour demander la conservation, chez le commandant, de la clé du petit arsenal. Elle fit, le 21 mars, une seconde réquisition à M. de Preissac, colonel, de remettre le lendemain la clé du petit arsenal.

Dès le lendemain 22, la Garde nationale prit un arrêté de déférer à cette réquisition : « Parce que, dit-elle, elle s'empressera, dans toutes les occasions, de donner à MM. les Officiers municipaux le témoignage des sentiments qui l'animent, et qui sont inséparables du serment qu'elle a prêté, de maintenir la paix et de défendre de toutes ses forces et de tout son courage les décrets émanés ou à émaner de l'Assemblée nationale (1). »

Après avoir obéi provisoirement aux ordres des Officiers municipaux, la Garde nationale présenta à l'Assemblée nationale une adresse, dans laquelle elle demandait que l'on confiât au commandant les armes nécessaires pour s'exercer et apprendre les évolutions militaires. Elle ajoutait que ce serait mettre des entraves insurmontables à son zèle patriotique, si on lui refusait d'avoir à sa disposition les 600 fusils déposés dans les arsenaux, fusils dont le nombre

---

(1) Nous n'avons pas le texte de cet arrêté.

était insuffisant pour armer une Garde nationale de plus de 2,000 hommes. (1)

« L'ordre des faits exige qu'on rappelle ici un troisième objet de discussion entre la Garde nationale et la Municipalité.

Dans les premiers jours de mars, la Garde nationale de Montauban crut que, pour mieux déconcerter ceux qui troublaient la Province, elle devait tenter de faire un pacte fédératif avec toutes les Gardes nationales voisines ; elle avait sous les yeux l'exemple de ce qui s'était passé entre les Gardes nationales du Vivarais et du Dauphiné; une autre fédération faite sous les murs de Montélimart, le 13 décembre, et plus récemment encore le pacte fédératif des municipalités d'Anjou et de Bretagne réunies à Pontivy, et celui des Gardes nationales desdites Provinces.

Une lettre circulaire fut imprimée le 13 mars (2), et envoyée de la part de la Garde nationale montalbanaise aux Gardes nationales de la province, avec invitation à la fédération. Elle nomma des députés pour se rendre dans les villes voisines, et leur donna des pouvoirs pour fixer les bases de l'association demandée.

Plusieurs villes acceptèrent avec transport la proposition qui leur était faite. La ville de Cahors nomma des commissaires pour rédiger le traité conjointement avec les députés de Montauban. Ce plan fut rédigé et adopté le 15 mars (3).

(1) Nous ne connaissons pas le texte de cette adresse.
(2) Nous n'avons pas retrouvé cette lettre, quoiqu'elle ait été imprimée.
(3) Le *Plan* de la Fédération proposé par la Garde nationale montalbanaise aux Gardes nationales de la province fut lu à l'Assemblée nationale dans la séance du 10 avril; nous n'avons pu découvrir aucun exemplaire de ce plan, qui dut cependant être imprimé à un certain nombre d'exemplaires. — Les Légions de Toulouse refusèrent de s'associer au pacte proposé par la Milice de Montauban. — Voir le n° 60, *Rapport* fait à l'Assemblée nationale par M. Goupilleau.

On convint d'une invitation aux autres villes, sous la condition, toutefois, « que les troupes ainsi fédérées ne pourraient se mettre en activité que conformément aux règles établies ou à établir par l'Assemblée nationale. » Le premier jour de correspondance entre les commissaires respectifs fut fixé à Caussade, et marqué au 8 avril.

Plusieurs autres villes acceptèrent, comme Cahors, le plan fédératif, et nommèrent des commissaires pour se rendre au jour convenu à Caussade.

Le 29 mars la Garde nationale de Montauban et le régiment de Languedoc, en garnison dans cette ville, firent aussi un acte d'association (1), et s'engagèrent réciproquement, sous la foi du serment, « d'être soumis irrévocablement aux décrets de l'Assemblée nationale, sanctionnés par le Roi, d'en maintenir l'exécution, et de la forcer même, à la première réquisition de la Municipalité (2). »

Une copie de cet acte fut alors envoyée à l'Assemblée nationale, avec une adresse des deux corps unis.

Le conseil militaire instruisit aussi les Officiers municipaux de Montauban de ses démarches. Il leur annonça son projet de fédération avec les Gardes nationales voisines, « destinées toutes à agir, leur dit-il, sur les réquisitions des corps administratifs et municipaux, et de concert entre elles, pour la cause commune (3). »

---

(1) Le 27 mars les officiers de la milice bourgeoise, précédés de leur musique, s'étaient rendus à la caserne de Villebourbon pour fraterniser avec la troupe, sans avoir préalablement obtenu le consentement des Officiers municipaux, qui se montrèrent mécontents. — *Récit* (manuscrit) de ce qui s'est passé à Montauban. — n° 160.

(2) *Extrait* des délibérations du Conseil de guerre de la Garde nationale de Montauban — N° 58.

(3) *Adresse* de la Garde nationale à MM. les Officiers municipaux (30 mars). — Voir n° 60.

Le conseil de guerre demanda en même temps à prêter le serment civique, pria MM. les Officiers municipaux d'y assister, et de leur délivrer, pour ce jour-là, les armes qui étaient à leur disposition.

Le Corps municipal rendit le 29 mars, sur le réquisitoire du procureur de la commune, une ordonnance qui « déclare la lettre circulaire de la Milice nationale montalbanaise, et le projet de confédération qu'elle renferme, contraires aux principes de son institution, aux lois et aux décrets de l'Assemblée nationale : supprime en conséquence ladite lettre ; fait défenses d'y donner aucune suite, de rien faire ou entreprendre qui tende à l'exécution dudit projet : le tout à peine de désobéissance, et sous les autres peines de droit (1).

Il paraît que cette ordonnance, qui fut affichée le 30 mars, et l'adresse du comité militaire se croisèrent, et que la Garde nationale, en rédigeant son adresse, ne connaissait pas l'ordonnance de la Municipalité, de même que celle-ci ignorait l'adresse (2).

La Municipalité, qui avait conçu et qui avait dit que la Garde nationale voulait faire une fédération indépendante, et voulait se soustraire à l'autorité du corps municipal, fut désabusée de cette erreur à la lecture de l'adresse et de l'acte fait avec le régiment de Languedoc. Il y eut alors des conférences entre les deux corps. Des commissaires furent nommés entre la Municipalité et la Garde nationale, pour indiquer le parti le plus propre à faire cesser l'impression

---

(1) *Ordonnance* de MM. les Maire et Officiers municipaux.... qui déclare une Lettre de la Milice montalbanaise contraire aux principes de son institution, etc., 29 mars. — N° 94, et *Registre des délibérations*, f° 27.

(2) *Adresse* de la Garde nationale et *Ordonnance* de la Municipalité. — N°ˢ 60 et 94.

que produisait l'ordonnance, mortifiante pour la Garde, qui avait été affichée le 30 mars.

Les commissaires rédigèrent un projet, qui expliquait les intentions de la Garde nationale, de n'user de ses forces, que sur la réquisition de la Municipalité. Ce projet ne fut pas entièrement adopté par le Corps municipal.

Il tardait à la Garde nationale de le voir s'effectuer. Le 3 avril l'état-major écrivit à la Municipalité pour la prier de donner la publicité la plus prompte à cet acte conciliatoire. Le Corps municipal s'assembla le même jour, et, sur le réquisitoire du procureur de la commune, il rendit l'ordonnance ainsi conçue :

« Déclarons recevoir avec satisfaction le témoignage des sentiments de ladite Garde nationale, et de l'intention, par elle manifestée, de demeurer toujours liée aux ordres et réquisitions de la Municipalité... Déclarons en outre, que, sans entendre nous opposer aux concours et associations autorisés par le décret du 23 février, sanctionné le 26, tendant lesdits concours et associations à faire agir, avec intelligence et concert, les forces nationales de divers lieux employées sur la réquisition de l'autorité légitime, la Municipalité persiste à improuver toute autre espèce de fédération ; et ce jusqu'à ce que l'Assemblée législative ait déterminé l'organisation des Gardes nationales. Sur tous les autres objets de ladite adresse déclarons, quant à présent, n'y avoir lieu de prononcer (1). »

Ces autres objets étaient l'invitation faite par la Garde nationale aux Officiers municipaux, d'assister, le mardi après Pâques, au serment civique qu'elle demandait à prêter, et

---

(1) *Ordonnance* de la Municipalité, 3 avril. — N° 93.

la remise, pour ce jour-là, des armes dont le Corps municipal était le dépositaire.

Le pacte fédératif fait avec le régiment de Languedoc et envoyé à l'Assemblée nationale fut lu dans la séance du 8 avril, et l'on proposa que M. le président fût chargé d'écrire au régiment de Languedoc et à la Garde nationale, pour donner à ces deux corps un témoignage authentique de la satisfaction de l'Assemblée nationale.

Cette proposition éprouva des contradictions, parce qu'un membre fit observer qu'il existait une ordonnance de police, rendue par la Municipalité, qui avait désapprouvé la démarche faite par la Garde nationale, sans avoir prévenu la Municipalité, d'étendre la fédération aux Milices nationales voisines.

On n'était pas alors certain de l'existence de cette ordonnance, et l'Assemblée nationale décréta le 8 avril : « Qu'il serait fait mention honorable, dans le procès-verbal, de l'adresse commune de la Milice nationale de Montauban et du régiment de Languedoc, et que M. le président écrirait, tant à cette milice qu'à ce régiment, pour leur témoigner la satisfaction de l'Assemblée. » Il fut aussi décrété que les pièces relatives à l'ordonnance de police, rendue par le conseil municipal de Montauban, seraient renvoyées au comité des rapports (1).

Ce comité rendit compte de cette affaire le 10 avril ; et, après une discussion étendue, l'Assemblée décréta ce qui suit :
« L'Assemblée nationale consacre de nouveau le principe

(1) Extraits du procès-verbal de l'Assemblée nationale, 8 avril. — Voir n° 60. — *Journal des Débats et des Décrets*, du jeudi 8 avril 1790. — *Paris*, Baudouin; *Montauban*, Fontanel, in-8, 8 pages. — *Journal national* (de Montauban), n° du 11 avril, page 10. — *Moniteur* du 10 avril.

de la subordination des Gardes nationales aux Municipalités, par l'intermédiaire desquelles les ordres du Pouvoir exécutif doivent toujours leur être transmis. Au surplus, considérant que la lettre circulaire écrite par la Garde nationale de Montauban, le 13 mars dernier, a été dictée par le plus pur patriotisme, et n'a pu avoir pour objet de se soustraire à l'autorité de la Municipalité, à laquelle elle est entièrement subordonnée, elle approuve le zèle de la Garde nationale, et charge son président de lui écrire, ainsi qu'à la Municipalité, pour les engager à travailler de concert au maintien de la Constitution et de la tranquillité publique (1). »

Il faut faire remarquer que, lors de ce décret, l'Assemblée nationale n'avait sous les yeux, ni l'adresse remise par le conseil militaire à la Municipalité le 30 mars, ni la deuxième ordonnance rendue par les Officiers municipaux le 3 avril (2). En présumant avantageusement du projet de lettre et des sentiments de la Garde nationale, on avait cependant conçu quelque défiance sur la soumission de cette Garde, de n'agir que sur la réquisition des Officiers municipaux, parce qu'on n'ignorait pas le mal-entendu qui avait régné entre la Garde nationale et la Municipalité.

Jusques-là les difficultés semblaient devoir facilement s'applanir. Il n'y avait réellement de question que relativement aux armes, dont la Garde demandait que la disposition fût confiée à son commandant, et l'on attendait la décision de l'Assemblée qui devait déterminer de quelle manière il en serait usé à cet égard.

(1) *Extraits* du procès-verbal de l'Assemblée nationale, séance du 10 avril. N° 60; voir aussi le *Journal national* n° du 18 août, et le *Moniteur* du 12 avril.
(2) *Adresse* de la Garde nationale et *Ordonnance* de la Municipalité. — N°˙ 60 et 93.

Mais telle était la mésintelligence, l'éloignement entre deux corps qui ne devaient jamais agir que de concert, qu'une question n'était pas plutôt terminée, qu'une autre lui succédait, ou plutôt il s'en élevait plusieurs dans le même temps.

« Les personnes qui avaient, dans les mois de janvier et de février, pris la qualité de volontaires, n'étaient point employées dans la Garde nationale ; elles savaient bien qu'on ne refuserait pas de les y admettre : mais il leur répugnait sans doute d'être incorporées, et d'avoir à servir sous le commandement et avec ceux qui s'étaient opposés à ce que les volontaires formassent un corps distinct.

Le procureur de la commune donna un réquisitoire à la Municipalité, le 6 avril ; il exposa que, le 29 mars, il lui avait été fait renvoi de deux pétitions (1):

« La première, dit-il, est l'ouvrage d'un très-grand nombre de citoyens notables et distingués, dont les signatures couvrent plusieurs pages, et qui demandent une augmentation de compagnies, sous le prétexte de l'oubli fait, dans le principe, de plusieurs citoyens, et de nécessité pour la ville. »

Le procureur de la commune donne des éloges au zèle et au patriotisme des pétitionnaires, à l'égard desquels il fallait s'empresser, suivant lui, de réparer la faute que le trouble et la précipitation du moment ne permirent pas même d'apercevoir.

« La seconde pétition, continue le procureur de la commune, a été faite par plusieurs soldats citoyens qui improuvent le projet de fédération, et expriment leurs vœux pour que les citoyens dignes d'être armés, et qui ne le sont pas,

(1) *Registre des délibérations du Conseil municipal*, f° 37.

soient admis dans la Garde nationale, et qu'il en soit formé de nouvelles compagnies. »

D'après les conclusions du procureur de la commune, la Municipalité se prononça ainsi le 6 avril :

« Nous, Officiers municipaux, vu le réquisitoire ci-dessus et les pétitions y énoncées, et y faisant droit, avons donné acte aux membres de la Garde nationale de leur désaveu, consigné dans celle desdites pétitions qui les concerne; et, en acceptant le projet d'une augmentation du nombre des compagnies dans la Garde nationale montalbanaise, et dans la vue de conserver l'unité de corps conforme aux vœux de l'Assemblée nationale, exprimés dans la lettre de son président, du 27 mars dernier, ordonnons que tous les citoyens capables de porter les armes, et dignes d'en recevoir l'honneur, seront admis dans ladite Garde nationale, tant ceux qui s'y trouvent déjà employés comme surnuméraires, au-delà de 64 hommes par compagnie, que tous autres qui se sont déjà présentés où qui se présenteront : auquel effet il sera ouvert un rôle dans le secrétariat de l'hôtel-de-ville, dans lequel chacun des aspirants pourra se faire inscrire pendant le délai de huitaine, pour, après ledit rôle fait, être pourvu, d'après le nombre des inscrits et en la meilleure forme que de droit, à l'augmentation des compagnies de la Garde nationale montalbanaise, suivant le plan qui sera par nous jugé le plus convenable : ordonnons que la présente ordonnance sera imprimée, etc., etc. (1) »

On est d'abord étonné de ce qu'on parle de surnuméraires : ceux qu'on nomme ainsi étaient reçus dans chaque compa-

(1) *Ordonnance* de la Municipalité du 6 avril. — N° 95.

gnie après le nombre de 64 hommes. Le règlement du 11 septembre 1789 avait fixé le nombre des hommes par compagnie à 100. Mais, pour opérer autant que possible l'égalité de nombre parmi les compagnies, on était convenu verbalement de les porter toutes d'abord à 64, afin qu'il n'y en eût pas de 100, tandis qu'il y en aurait d'autres qui ne seraient composées que de 30 ou 40 hommes (1).

Quant à la qualité de surnuméraire, elle était donnée à celui qui, n'ayant pas été, dès le principe, dans une compagnie, s'y serait fait agréger : alors on exigeait qu'il fût pendant trois mois surnuméraire, avant de pouvoir obtenir un grade dans cette nouvelle compagnie.

La Garde nationale s'alarma du plan de composition des nouvelles compagnies. Elle crut apercevoir que cette prétention, élevée par ceux-là même qui avaient agi d'abord comme volontaires, tendait à faire revivre, sous une autre dénomination, le projet, rejeté par l'Assemblée nationale elle-même, de faire une troupe particulière de ceux qui s'étaient qualifiés de volontaires.

D'après la publication de cette ordonnance de la municipalité, M. de Puy-Monbrun, commandant-général, se décida à assembler les compagnies de la Garde nationale pour délibérer à cet égard ; mais il prévint, avant tout, la Municipalité de cette assemblée.

La Municipalité, informée de ce projet, fit, le 7 avril, une réquisition au commandant, conçue en ces termes : « Nous, officiers municipaux de la commune de Montauban, déclarons n'entendre empêcher l'assemblée de la Garde nationale montalbanaise, en tant que ladite assemblée ne se formera

(1) *Règlement provisoire*, du 11 septembre 1789. — N° 130.

que par compagnies séparées, à jours, lieu et heure différents : à quoi MM. les commandants de la Garde nationale sont requis de tenir la main. »

M. de Puy-Montbrun répondit sur le champ, que, quoiqu'il fût convaincu que la police du corps lui appartînt, il retirait ses ordres, et faisait à la patrie ce nouveau sacrifice.

Le lendemain, 8 avril, la Municipalité apprit que nonobstant que le commandant eût retiré ses ordres, plusieurs compagnies s'étaient rendues chez M. de Puy-Monbrun. Elle fit une nouvelle réquisition, dans laquelle elle dit qu'on lui a rapporté qu'il a été usé de menaces envers quelques membres de la Garde nationale ; elle persiste dans sa réquisition de la veille ; et, en la renouvelant, en tant que de besoin, requiert fortement « M. de Puy-Monbrun, commandant de ladite Garde nationale, de ne pas souffrir qu'il y soit contrevenu, à peine de demeurer personnellement garant et responsable des événements et désordres qui pourraient en résulter, et sous toutes les autres peines de droit (1). »

Le 10 avril, l'état-major de la Garde nationale fit à la Municipalité la déclaration « que la Garde avait rendu compte à l'Assemblée nationale, par des députés extraordinaires (2), des ordonnances du corps municipal des 29 mars, 3 et 6 avril, ainsi que des réquisitions du 7 et du 8, pour par elle statuer sur le tout : et attendu ce recours à l'autorité

---

(1) *Ordonnance* de la Municipalité du 8 avril. — *Exposé sommaire*, n° 57.
Pour décider les gardes nationaux à signer une adresse contre l'augmentation des compagnies, quelques officiers leur distribuaient des écrits, notamment : *Lettre* du président de l'Assemblée nationale (n° 86) ; *Extrait* des délibérations (n° 58) ; *Adresse* au régiment de Languedoc (n° 8), et *Discours* du commandant-général (n° 145). — *Registre des délibérations*, f° 40.

(2) M. d'Ysarn faisait partie de cette députation. — *Relation fidelle*, n° 131.

législative, ledit état-major invite le Corps municipal à ne donner aucune suite aux susdites ordonnances et réquisitions, notamment à l'ordonnance du 6 avril concernant une augmentation de compagnies, comme contraire au vœu général des citoyens qui composent actuellement la Garde nationale (1). »

En effet, une Adresse de la Garde nationale à l'Assemblée nationale, en date du 7 avril, prouve qu'elle s'était pourvue devant elle contre les ordonnances dont il s'agit, pour les faire proscrire, tant en ce qui concernait la fédération rejetée par la Municipalité, qu'en ce qui touchait le refus des armes pour la prestation du serment civique (2).

Dans cette Adresse l'état-major fait valoir ses raisons pour prouver que l'incorporation est seule praticable, et que le système d'une augmentation de bataillons et de compagnies est infiniment dangereux (3).

De son côté, la Municipalité, dans une Adresse remise postérieurement à l'Assemblée nationale, assurait qu'il y avait une très-grande quantité de citoyens demandant cette augmentation, et que dans une ville aussi considérable que Montauban, où tant d'intérêts et tant d'opinions se croisaient et se combattaient, la Garde nationale ne pou-

---

(1) *Mémoire circonstancié*, à la suite de la *Réponse de Cérutti*, n° 136. Dans son décret du 10 avril, l'Assemblée nationale consacra de nouveau le principe de la subordination des Gardes nationales aux Municipalités; mais, « considérant le patriotisme de la lettre circulaire écrite par la Garde nationale de Montauban le 13 mars, elle invitait la Municipalité et la Milice citoyenne à travailler de concert au maintien de la Constitution et de la tranquillité publique. » — *Journal national*, du 18 avril.

(2) Le 30 avril 1790, le ministre de la guerre Deportail autorisa le 33ᵉ régiment d'infanterie à prêter à la Garde nationale de Montauban l'excédant de fusils qui devait résulter de sa nouvelle formation. — *Archives municipales*. — Voir la *Protestation contre la fédération*, n° 80.

(3) Nous n'avons pas retrouvé le texte de cette Adresse. — La lettre de M. de Puy-Montbrun, du 7 avril, est classée dans les *Archives municipales*.

vait disputer aux Officiers municipaux le droit de démêler et d'exprimer la volonté générale (1).

La Garde nationale prétendit que le vœu de la majorité, parmi les soldats citoyens, était pour l'incorporation, et non pour l'augmentation des compagnies. Elle envoya au comité de l'Assemblée nationale le recensement des voix prises sur cet objet, duquel il résultait que, sur 1,335 votants, 999 étaient contre l'augmentation des compagnies, et 336 seulement pour leur admission.

Elle ajoutait que les signatures des pétitionnaires avaient été rassemblées avec effort, « qu'elles étaient la plupart extorquées, et qu'il avait fallu recourir aux porteurs de chaises, aux enfants, à ceux des écoles chrétiennes, à certains vieux décrépits et à quantité d'incurables de la ville (2). »

Elle s'appuyait enfin sur une pétition adressée, le 11 avril, aux Officiers municipaux, par 160 pères de famille, tous citoyens actifs, mais ne faisant pas partie de la Garde nationale. Réunis dans la Bourse commune des marchands, après en avoir prévenu la Municipalité, ces citoyens représentaient au Corps municipal que la formation inconstitutionnelle de nouvelles compagnies allait opérer une scission et un désordre qu'il était de la prudence d'éviter. Ils priaient avec instance les Officiers municipaux d'éloigner toute semence de division, de prendre en considération le règlement provisoire de la Garde nationale, et les décrets de l'Assemblée nationale, portant que les corps qui s'étaient formés dans les diverses parties du royaume resteraient dans le même état jusqu'à la nouvelle organisation, et demandaient qu'on donnât

---

(1) Le *Registre des délibérations* constate que pendant tout le mois d'avril la Municipalité reçut presque tous les jours des pétitions votées dans des réunions publiques, pour ou contre la formation de nouvelles compagnies.

(2) *Mémoire circonstancié*, n° 136.

au règlement et aux décrets leur plein et entier effet (1).

La Municipalité crut devoir écarter les motifs sur lesquels la Garde nationale et les pères de famille s'appuyaient, parce qu'elle connaissait le vœu de la commune, et ne s'occupait que de le remplir. Quant à la grande majorité vantée par la Garde nationale, elle en doutait, puisqu'il lui avait été remis dix procès-verbaux constatant que 12 compagnies au moins désiraient cette formation. D'après les procès-verbaux déposés sur le bureau de l'Assemblée nationale, dans 12 compagnies il y avait eu 280 à 300 personnes pour l'établissement nouveau; mais on ne pouvait pas dire, avec vérité, que ce fût à beaucoup près les 12 compagnies entières.

La Municipalité se disait informée que le vœu de la Garde nationale était le fruit de tous les genres de séduction et d'intrigues; qu'il avait été facile d'entraîner la classe des artisans et des manœuvriers, par la crainte de manquer de travail et de pain.

D'après cette opinion, les Officiers municipaux requirent, le 18 avril, le commandant-général de faire remettre, dans trois jours, à l'hôtel-de-ville, le contrôle exact de toutes les compagnies qui composaient la Garde nationale, en désignant séparément les surnuméraires (2).

Le commandant se conforma à cette réquisition.

Le 2 mai, M. de Cieurac, maire, écrivit à M. de Puy-Montbrun, commandant-général, et le prévint que la Municipalité, voulant agir *de concert* avec la Garde nationale, lui faisait part de sa détermination de ne plus retarder la composition des nouvelles compagnies, et, à cet effet, de convoquer les citoyens qui devaient les composer, pour qu'ils pussent nommer leurs officiers (3).

---

(1) *Registre des délibérations*, f° 43. — *Relation fidelle*, n° 131.
(2) Ces états furent approuvés par la Municipalité le 30 avril. — *Registre des délibérations*, f° 54. — La plupart des compagnies avaient des surnuméraires.
(3) *Exposé sommaire*, n° 57. — *Mémoire circonstancié*, n° 136.

M. de Puy-Montbrun répondit sur le champ :

« J'assemblerai, Monsieur, le plus tôt possible, le conseil de guerre de la Garde nationale, qui seul peut déterminer ma volonté.

« Est-ce agir de concert avec l'état-major du corps que j'ai l'honneur de commander, que de me prévenir que la Municipalité veut impérieusement la formation et l'organisation d'un quatrième bataillon, qui se réunira, par votre ordre, aux trois bataillons existants, qui se sont armés au moment de la Révolution ? J'ai cru, Monsieur, que la Municipalité, au lieu de faire des lois, s'empresserait de faire connaître, à nos législateurs, le vœu des citoyens qui désirent servir sous nos drapeaux. J'aurais été trop heureux, en mon particulier, d'avoir été le maître de le prévenir. La Garde nationale, vous le savez, Monsieur, a cru être en droit d'appeler de l'ordonnance de MM. les Officiers municipaux, relative à la formation des nouvelles compagnies : elle attend un arrêt de ses véritables juges ; le conseil de guerre sera mon guide, etc. »

Le conseil de guerre délibéra, le lendemain 3 mai, et, après avoir rappelé les raisons qui devaient retarder l'exécution du plan de la Municipalité, arrêta que celle-ci serait suppliée de surseoir, protestant d'avance contre toute formation et tout changement jusqu'à la décision de l'Assemblée nationale (1).

Pendant ce temps il y avait un député extraordinaire de la Garde nationale. Il rendit compte, au comité de constitution, des troubles qui existaient : il lui fut répondu qu'on s'occupait de proposer à l'Assemblée nationale un projet de décret général, qui en effet le fut le 30 avril (2). Plusieurs membres de cette Assemblée étaient

---

(1) Délibération du conseil de guerre de la Garde nationale, n° 1.
(2) Ce nouveau décret fut publié dans le *Journal national*, du 2 mai.

présents au comité de constitution lorsque le député extraordinaire exposa l'objet de sa mission.

On ne tarda pas à connaître à Montauban le décret rendu le 30 avril, par lequel il était décidé que les Gardes nationales resteraient, en attendant l'organisation définitive, sous le même régime qu'elles avaient lors de leur institution, et que les modifications rendues nécessaires par les circonstances, ne seraient faites que de concert entre les Gardes nationales actuellement existantes et les nouvelles Municipalités (1).

L'état-major adressa, le 6 mai, ce décret, qui lui était envoyé par M. Poncet, membre de l'Assemblée nationale (2), aux Officiers municipaux, en les invitant de nouveau à suspendre et faire suspendre tout ce qui pourrait être relatif à la formation des nouvelles compagnies; il protesta contre tout ce qui pourrait tendre à changer le régime qu'avait eu la Garde nationale à l'époque où la Municipalité avait été régulièrement constituée.

Le 6 mai, la Municipalité fit réquisition à l'état-major de reconnaître, comme faisant corps avec la Garde nationale, le quatrième bataillon nouvellement formé en vertu de son ordonnance du 6 avril, et composé de 8 compagnies. Elle lui adressa le contrôle, qui contenait les noms des officiers et soldats destinés à partager le service, et requit aussi l'état-major d'admettre les députés desdites compagnies dans le conseil militaire, pour délibérer sur les objets qui intéresseraient ladite Garde nationale (3).

L'état-major, en réponse à cette réquisition, persista dans ses protestations, refusa d'admettre le quatrième

---

(1) *Récit historique*, n° 124. — *Journal national*, n° du 2 mai.

(2) *Relation fidelle*, n° 131. — M. Poncet était le correspondant du *Journal national*.

(3) *Exposé sommaire*, n° 57. — Les 8 compagnies formant le 4ᵉ bataillon, nommèrent le 5 mai leurs officiers, ainsi que le commandant, M. de Chaunac.

bataillon, et rendit la Municipalité responsable des graves évènements qui pourraient résulter de sa persévérance.

On répandit alors, dans la ville de Montauban, un imprimé, intitulé : *Réflexions sur le décret du 30 avril 1790 au sujet des Gardes nationales* (1). Dans cet écrit on prétendait, d'après M. Vieillard :

« Que le décret n'était pas rendu pour Montauban, et qu'il n'y est pas applicable ;

« Que ce décret n'a eu pour but que de prévoir les difficultés qui résulteraient des règlements et projets opposés relativement au régime des Gardes nationales; que l'ordonnance des Officiers municipaux, relative à la formation d'un quatrième bataillon, n'était pas un règlement, ni un projet ;

« Qu'il n'était pas question de changer à Montauban le régime de la Garde nationale ;

« Que les compagnies créées par le Conseil municipal sont actuellement existantes ;

« On concluait, enfin, que le décret autorisait les nouvelles compagnies, et l'on prétendit l'établir par une dissertation sur le mot *régime*, sur sa valeur, et sa vraie signification. »

Il s'en fallait beaucoup que la Garde nationale admît de pareilles interprétations : elle concevait que tout devait rester dans l'état précédent, et qu'il ne pouvait être apporté aucun changement à cet état que par le concert et le consentement mutuel de la Garde nationale et de la Municipalité.

La Municipalité remit au comité des rapports de l'Assemblée nationale un avis signé par deux membres du

---

(1) *Réflexions sur le décret du 30 avril*, n° 127.
Le même jour, un certain nombre d'officiers, bas-officiers, et fusiliers de la Garde nationale déposèrent dans l'étude de M° Delteil, notaire, une déclaration pour le maintien des compagnies nouvellement créées, en même temps qu'une protestation contre toute fédération. — *Protestation*, n° 80.

comité de constitution, ainsi qu'un Mémoire dans lequel il était exposé que 400 citoyens, non enrôlés dans le principe, avaient demandé à l'être; que le quatrième bataillon avait été formé avant le décret du 30 avril (1); mais ce Mémoire ne fait aucune mention des obstacles et de l'opposition apportés par la Garde nationale, en sorte que le comité de constitution trouva tout bien, parce que tout lui avait paru s'être opéré de concert.

« Le mécontentement, dit M. Vieillard, devenait plus général et plus inquiétant à Montauban. Plusieurs autres difficultés agitaient depuis plus de quinze jours les esprits. Un sixième ou environ de la population de cette ville était composé de protestants, parmi lesquels se trouvaient les négociants les plus aisés. Des libelles, répandus avec la plus grande profusion, excitaient le peuple contre les protestants, et les accusaient d'être des factieux par principes et par caractère, ajoutant qu'ils voulaient détruire la monarchie et la religion ; qu'il fallait les éloigner de toutes les places, se méfier d'eux sans cesse, etc.

«Plusieurs de ces libelles avaient été saisis par les patrouilles de nuit, et dénoncés aux Officiers municipaux par le commandant-général, le 15 avril, en vertu de l'arrêté de la Garde nationale, avec invitation au Corps municipal de prendre les meilleures mesures pour affaiblir l'impression que pouvaient faire ces écrits sur l'esprit du peuple (2). »

(1) *Exposé sommaire*, n° 57.
(2) Le 16 avril, M. Dupuy-Montbrun remit à la Municipalité un procès-verbal constatant la saisie faite, par une patrouille, de 14 exemplaires d'une brochure ayant pour titre : « Réponse à la lettre que M. le duc d'Albefort « (ou Melfort) vient d'adresser aux catholiques, aux protestants et à tous les « bons citoyens de Nîmes. » Mais ce procès-verbal et le rapport du chef de la patrouille ne disent pas qu'il y eût plusieurs libelles, comme l'assure le rapporteur Vieillard; le titre même de la brochure trouvée sous quelques portes, prouve qu'elle n'était pas écrite pour Montauban, et s'adressait aussi bien aux protestants qu'aux catholiques. — *Registre des délibérations*, f° 45, et *Rapports de la Garde nationale*, f° 28.

Le 21 avril il circula un autre écrit, invitant tous les citoyens catholiques à se rendre, le vendredi 23 avril, à deux heures après-midi, dans l'église des Cordeliers, où on nommerait des commissaires pour aller annoncer cette réunion aux Officiers municipaux (1).

Le motif donné à cette réunion était de « présenter une Adresse au Roi et à l'Assemblée nationale, pour solliciter un décret qui assurât à jamais l'unité de religion en France, et déclarât la religion catholique, apostolique et romaine la seule religion de l'Etat. »

L'Adresse réclamait « la conservation à Montauban de son siége épiscopal, des ordres religieux, du collège, du séminaire, de l'hôpital et des autres maisons d'institution (2). » On demandait qu'à l'exemple des catholiques de Toulouse, on fît une Adresse à la Municipalité, pour la prier de suspendre, jusqu'à la réponse du Roi et de l'Assemblée nationale, la douloureuse visite qu'elle était chargée de faire dans les maisons religieuses. Enfin, on annonçait qu'on prierait les vicaires-généraux d'ordonner des prières publiques, auxquelles toutes les communautés et toutes les églises paroissiales seraient invitées.

L'assemblée eut lieu le 23, suivant l'Avis imprimé ; on y nomma un président, des secrétaires, et ensuite des commissaires pour aller à l'hôtel-de-ville donner avis de l'assemblée.

Après le retour des commissaires, et la lecture de l'acte donné par les Officiers municipaux, on entra en matière ; on fit un arrêté conforme à l'avis, et on s'ajourna au 27, pour entendre la lecture des adresses au Roi et à l'Assemblée nationale, que des commissaires furent chargés de rédiger.

(1) *Avis aux citoyens catholiques*, n° 23.
(2) *Adresse des citoyens*, n° 1.

Le 27 on lut les projets ; ils furent adoptés (1), et les Commissaires furent chargés de les envoyer à leur destination. Comme il avait été décidé, dès le 23, qu'on demanderait d'être autorisés à faire des prières publiques, les vicaires-généraux, en l'absence de l'Evêque de Montauban, donnèrent un mandement le 25 avril (2), dans lequel ils disaient que pour répondre aux sollicitations d'un très-grand nombre de citoyens de la ville, légalement assemblés par permission de MM. les Officiers municipaux, ils ordonnaient des prières de 40 heures.

La Garde nationale, dans sa lettre du 18 avril, se plaignait des assemblées dans les églises, dans lesquelles, disait-elle, la majeure partie du temps était employée à déclamer contre les protestants. On leur reprochait les malheurs dont on souffrait ; on les accusait d'avoir multiplié les intrigues et prodigué l'argent pour accaparer les suffrages, et séduire jusqu'au régiment de Languedoc (3).

Les choses étaient parvenues au dernier degré de fermentation, et l'explosion la plus violente était sur le point d'avoir lieu. L'alarme était générale. Le 7 mai, ceux qui avaient demandé les nouvelles compagnies, formèrent une nouvelle pétition pour qu'elles fussent mises en activité. Le 8 le commandant de la Garde et quelques pères de famille se concertèrent ensemble pour trouver les moyens capables d'empêcher l'incendie général dont on était incessamment menacé. Ils se transportèrent à l'hôtel-de-ville. Le commandant adressa aux Officiers municipaux un discours tendant à obtenir quelque plan de conciliation qui pût convenir aux deux partis, et entretenir au moins un calme apparent jusqu'à l'organisation des Gardes natio-

(1) *Délibération prise par les catholiques*, n° 38.
(2) *Mandement de l'Evêque de Montauban*, n° 87.
(3) *Récit historique*, n° 24.

nales. On nomma des commissaires de part et d'autre, et le 9 mai, après-midi, les propositions de conciliation furent discutées. La Municipalité proposa deux moyens : ou de recevoir, dans chacun des 3 bataillons existants, 3 des nouvelles compagnies, auquel cas il en serait formé une neuvième ; ou de réunir les 8 compagnies nouvellement formées avec les 24 anciennes, ce qui alors en aurait fait 32, et d'en former, par la voie du sort, 4 bataillons composés de 8 compagnies chacun, toujours sous le même état-major.

Quoique ces deux propositions ne fussent ni l'une ni l'autre conformes au vœu de la Garde nationale, qui consistait à n'admettre qu'une incorporation, cependant le conseil de guerre fut convoqué pour le 10 ; on y prit la résolution de donner les plus amples pouvoirs à l'état-major, et d'adopter d'avance tout ce qu'il pourrait pour le bien et la paix (1). L'état-major paraissait disposé aux plus grands sacrifices afin de ramener le calme, et de faire disparaître toute idée de dissension ; malheureusement il n'était déjà plus temps.

La journée du 10 mai.

Le 10 mai était le premier jour des Rogations : ce jour-là on avait fait la procession d'usage. Il était connu que, le matin, les Officiers municipaux devaient se rendre dans les cinq communautés religieuses pour y faire l'inventaire ordonné par le décret du 26 mars.

Les Officiers municipaux disent, dans leur procès-verbal (2), que, pour se conformer au décret, et en même temps accélérer l'opération, ils arrêtèrent qu'à 11 heures du matin deux d'entre eux se transporteraient dans les

(1) *Exposé sommaire*, n° 57.
(2) *Procès-verbal*, n° 99.

cinq communautés ; que parvenus, chacun de leur côté, ils trouvèrent l'accès des maisons religieuses intercepté par une populace immense, presque entièrement composée de femmes, qui, à la vue des commissaires, crièrent de toutes leurs forces qu'elles s'opposaient à tout inventaire, à toute inquiétude, à tout trouble apporté aux religieux; que les ayant trouvés dans leurs maisons, il fallait les y conserver; que, malgré les représentations des commissaires, tendant à faire respecter les décrets et à s'y soumettre, le peuple, attroupé, persista dans sa résistance, et força les commissaires à se retirer, pour déférer lesdits attroupements au Corps assemblé et dresser procès-verbal.

Il demeure constant qu'il se forma aussi, quelque temps après, un attroupement considérable sur la place des Monges (de la Cathédrale), devant la maison du commandant-général, et que les Officiers municipaux en furent informés au moment où, suivant leur récit, ils s'occupaient des moyens de dissiper ceux qui s'étaient formés (1).

Le motif de cet attroupement était, dit la Municipalité, de demander au commandant pourquoi il s'était déclaré du parti des non-catholiques, et pourquoi il s'opposait à l'admission des nouvelles compagnies.

M. de Puy-Monbrun dit « que pendant le temps qu'il s'occupait à l'hôtel-de-ville des moyens d'effectuer la conciliation, on vint annoncer à la Municipalité que 4,000 personnes, réunies sur la place, voulaient brûler sa maison (2).

Le Maire se rendit au lieu de l'attroupement, et, à force de représentations, lui et quelques Officiers municipaux parvinrent, disent-ils, à le dissiper.

M. de Cieurac en fit rendre compte à M. de Puy-

---

(1) *Procès-verbal*, n° 99.
(2) *Lettre de M. de Puy-Monbrun*, n° 81.

Monbrun et l'invita à dîner. Lorsque ce dernier rentra chez lui, avec quelques dragons (1) et autres membres de la Garde nationale, il se forma aussitôt devant sa maison un nouvel attroupement ; il y avait beaucoup d'hommes.

M. de Cieurac se rendit de nouveau devant la maison de M. de Puy-Monbrun, harangua le peuple, qui promit de se retirer si les dragons entrés chez le général se retiraient de leur côté. On souscrivit à ces conditions, et M. de Puy-Monbrun alla dîner chez le Maire.

Suivant le récit de la Municipalité, la fermentation subsistait toujours. Le peuple, dit-elle, se plaignait ouvertement de ce que M. Montet, officier de la garde nationale, avait tiré son sabre, et menacé le peuple de le tailler en pièces.

Voici de quelle manière la Municipalité assure, dans son *Procès-verbal,* que la scène continua :

A deux heures et demie d'après-midi, trois Officiers municipaux s'aperçoivent que, dans la cour de l'hôtel-de-ville et dans le corps-de-garde y joignant, plusieurs membres de la compagnie des dragons et de la Garde nationale, étaient attroupés. On mande à l'hôtel-de-ville ceux desdits membres qui étaient en grade. Quatre se rendent à la maison commune. Interpellés d'expliquer les motifs de leur réunion, dans un moment où ils n'étaient pas de garde, et où il n'y avait pas d'assemblée, ils répondirent que l'hôtel-de-ville étant un point de ralliement pour eux, ils voulaient savoir pourquoi il y avait des attroupements dans la ville ; que dans le moment même la maison de M. Delbreil, à la place des Monges, était remplie de monde, au

---

(1) D'après le *Calendrier* de la généralité de Montauban pour 1790, il y avait dans la Garde nationale une compagnie de cavaliers désignés sous le nom de *dragons* et qui était composée de : 1 capitaine-commandant, 2 lieutenants, 2 sous-lieutenants, 1 porte-guidon, 11 maréchaux-de-logis ou brigadiers, 2 trompettes, 50 cavaliers et 2 auxiliaires. — Ce *Calendrier* porte la liste de tous les Gardes nationaux.

nombre de plus de 200 personnes. La Municipalité dit qu'elle envoya s'assurer de ce fait, et interpeller M. Delbreil, si la dénonciation était vraie, de faire vider sa maison. Le fait se trouva controuvé : il n'y avait aucun étranger, et on n'avait trouvé que M. Delbreil père qui s'habillait.

D'après ce rapport, « les Officiers municipaux invitèrent les officiers mandés à faire cesser les alarmes et les craintes auxquelles leur réunion donnait lieu, à se retirer, et à engager leurs camarades à en faire de même. Sur la résistance de déférer à cette invitation amicale, les Officiers municipaux ordonnèrent à ces officiers de se retirer, et de faire retirer leurs camarades. L'un des officiers persévéra, et dit que s'il y avait quelque danger, les Magistrats municipaux n'étaient pas plus à l'abri des balles que les autres citoyens. Cependant ils sortirent, et rejoignirent leurs camarades.

« Quelques instants après, on aperçut M. Duchemin, capitaine de dragons, parmi les attroupés. On le manda à l'hôtel-de-ville, on lui fit les mêmes représentations et réquisitions qui venaient d'être faites aux autres officiers inférieurs en grade. Ce capitaine répondit que la Municipalité pouvait adresser une réquisition au commandant-général, et qu'il offrait d'en être le porteur, mais qu'il ne pouvait se retirer ni faire éloigner les camarades.

« Pendant que les Officiers municipaux délibéraient sur le parti ultérieur à prendre pour dissiper cet attroupement, ils furent avertis qu'il y avait dans la rue, et près de la porte extérieure de la cour de l'hôtel de la commune, une foule de citoyens de tout sexe, demandant que les membres de la Garde nationale attroupés, et notamment les dragons, se retirassent. Les dragons, de leur côté, criaient aux armes, et prenaient en effet les fusils qui étaient dans le corps-de-garde pour le service journalier, et qui n'étaient point chargés ni garnis de pierres à feu.

« Sur-le-champ cinq Officiers municipaux et le substitut du procureur de la commune, revêtus de leurs chaperons, se portèrent avec le secrétaire vers la porte extérieure de la cour, pour contenir le peuple attroupé, l'empêcher d'entrer, le calmer, et l'engager à se retirer; mais prières, exhortations, invitation à la paix, menaces, rien ne fut capable d'arrêter l'attroupement et de le dissiper.

« Un Officier municipal courut au corps-de-garde, dont il trouva la porte gardée par une foule de dragons, tous armés de fusils et de sabres. Il les requit de se retirer, en leur observant que leur retraite allait assurer la tranquillité publique ; que leur obstination pourrait amener les plus grands malheurs. Sur leur refus, il leur enjoignit, au nom de la Nation, de la Loi et du Roi, d'obéir. Il leur dit qu'il y avait, à côté de la porte du corps-de-garde, une petite porte donnant sur la rue, par laquelle ils pourraient se retirer sans aucun danger. Nouvelle désobéissance.

« Quelques dragons, armés de sabres, voltigent dans la cour, se présentent sur la porte où était encore contenu le peuple, et le bravent par des menaces de voies de fait.

« Le passage est enfin forcé, malgré tous les efforts de la Municipalité et les mouvements du vicomte de Chaunac ; le peuple entre en foule dans la cour. Les uns étaient armés de pierres, les autres de bâtons ou de gros morceaux de bois.

« Les dragons, ralliés vers la porte du corps-de-garde, avaient chargé leurs fusils, et les avaient garnis de pierres. Ils font une décharge sur le peuple, dont quelques-uns reçoivent diverses blessures. Le peuple, furieux, demande à grands cris des armes et des munitions pour sa défense. Ses instances sont si vives, que l'un des Officiers municipaux ne crut pas pouvoir, sans compromettre visiblement ses jours, se dispenser d'ordonner au secrétaire de la commune de délivrer au peuple des armes et des munitions, et de descendre le drapeau rouge, qui fut apporté sur le champ. On arbore le drapeau rouge : 150 fusils, qui étaient dans le petit arsenal, sont enlevés aussitôt que la porte en fut ouverte par le secrétaire. Ceux qui s'en étaient saisis, ayant entendu un coup de fusil qu'on dit être parti du corps-de-garde où s'étaient barricadés les dragons, reparaissent, les baïonnettes au bout du fusil, pour demander des munitions ; ils sont suivis d'une foule de citoyens ; ils menacent le secrétaire et le capitaine du guet, des dernières violences, si on se refuse à leurs demandes.

« Alors le sieur de Neuville, capitaine du guet, ouvre la porte du cabinet où étaient déposées les munitions, et en délivre successivement à ceux qui se présentent ; en même temps, ceux qui n'étaient pas encore armés s'introduisent du petit arsenal dans le grand, et s'emparent des fusils qui y étaient déposés.

« A mesure que le peuple s'armait, il se portait vers le corps-de-garde où les dragons s'étaient réfugiés. On tire à coups redoublés sur la porte et par la fenêtre dudit corps-de-garde ; de leur côté les dragons tirent par la même fenêtre sur le peuple, et quelques particuliers sont blessés.

« Alors M. Vialètes d'Aignan, officier municipal, qui n'avait rien négligé pour éviter les voies de fait, accompagné de M. de Chaunac, légèrement blessé, de MM. Delbreil frères et de Lalbenque, s'approchent de la fenêtre du corps-de-garde, représentent aux dragons et autres soldats enfermés dans le corps-de-garde, que le moyen de calmer le peuple serait peut-être qu'ils rendissent les armes, et qu'à ce prix on leur conserverait la vie ; qu'il semblait que le peuple se bornait à demander qu'on les livrât à la justice, et qu'ils fussent à cet effet conduits dans les prisons du château-royal : cette proposition fut acceptée, et les soldats nationaux rendirent les armes par la fenêtre du corps-de-garde.

« Vers les deux heures après-midi, la maréchaussée, requise par la Municipalité, s'était mise en état de dissiper les attroupements formés devant les couvents et la maison du commandant. Elle se porta ensuite dans la rue de l'hôtel-de-ville, aussitôt qu'elle fut instruite de ce qui se passait. Un Officier municipal requit, par écrit, le commandant d'un des postes du régiment de Languedoc, de dépêcher un piquet vers la maison commune, pour dissiper les attroupements qui s'étaient formés : ce qui fut exécuté. Le commandant fut alors requis, par le Maire, de mettre sa troupe en activité, pour concourir, avec la maréchaussée, à remettre le bon ordre et la tranquillité.

« En attendant l'arrivée du régiment, un Officier municipal requit le commandant de la maréchaussée d'entrer avec sa troupe dans la cour de l'hôtel-de-ville, pour contenir le peuple, et empêcher qu'on enfonçât la porte du corps-de-garde. On avait déjà commencé à démolir le mur. Cela produisit l'effet désiré, la porte fut abandonnée.

« Le régiment de Languedoc arriva, et le peuple promit de ne point se livrer à d'autres excès, pourvu que les dragons fussent livrés à la justice, et conduits, sans habits, dans les prisons du château-royal.

« On ouvrit la porte du corps-de-garde, où l'on trouva trois dragons étendus morts, un quatrième si grièvement blessé, qu'il périt aussitôt, et trois ou quatre autres blessés, dont un est mort peu de temps après (1).

« On plaça les dragons et autres soldats nationaux entre les deux compagnies de grenadiers et de chasseurs du régiment de Languedoc, accompagnés du Maire et d'un autre Officier municipal, et escortés par un peuple immense. Ils furent conduits dans les prisons du château-royal.

(1) Dans le *Rapport des malheurs du 10 mai*, n° 120, on trouve la liste des Gardes nationaux tués ou blessés, nous donnerons ces noms dans l'analyse de ce Rapport.

« Le Maire entra dans une église voisine, après avoir invité le peuple à s'y rendre. Il l'exhorta à la paix, à la tranquillité et à pardonner. Le peuple dit qu'il n'était pas en sûreté, qu'il y avait des amas d'armes considérables, de canons et munitions chez M. Mariette, l'un des prisonniers.

« Le Maire répondit au peuple, que M. Mariette avait fait sa déclaration sur les registres de l'hôtel de la commune (1), comme quoi les canons étaient hors de service. Le peuple insista, et un Officier municipal se rendit chez M. Mariette. Le peuple content se retira et se dispersa. La Municipalité réunie prit les mesures nécessaires pour pourvoir, pendant la nuit, à la sûreté et à la tranquillité des citoyens. »

Les Officiers municipaux terminaient leur récit en donnant des éloges au régiment de Languedoc et à la maréchaussée; ils ajoutaient qu'une proclamation de la municipalité, affichée les 11 et 12 mai, avait mis le dernier sceau à la tranquillité publique.

Ce procès-verbal de la Municipalité de Montauban était contesté sur plusieurs articles essentiels : d'abord, par le commandant-général, M. de Puy-Monbrun, par les députés extraordinaires de Montauban, par les malheureux citoyens traînés dans les prisons.

« Le premier reproche fait à la Municipalité, continue M. Viéillard, est d'avoir annoncé son projet de visite des monastères ; de l'avoir exécuté avec affectation dans les cinq couvents à la même heure, et de n'avoir pris aucun moyen pour dissiper les attroupements, dont l'existence devait lui être connue avant même de se rendre à la porte des monastères.

« On lui reproche que l'état-major, en conférence avec

---

(1) Cette délibération, faite le 8 avril, est transcrite sur le registre des délibérations de la Municipalité. — M. Mariette avait acheté, depuis 30 ans, quatre pierriers qui servaient pour toutes les fêtes.

4

la Municipalité, ayant dit qu'il fallait requérir la force publique pour dissiper les attroupements qui se multipliaient, et qui allaient produire de grands malheurs, les Officiers municipaux répondirent que ce ne serait rien, et qu'on ne devait employer la force qu'à défaut de tout autre moyen.

« On désavoue que M. Montet ait menacé le peuple avec son sabre. Les prisonniers attestent que cet officier, craignant pour les jours du général, proposa de mettre un garde à sa porte, et s'offrit pour être le premier en sentinelle ; qu'alors il se disposa à occuper ce poste ; mais comme il n'avait pas de fusil, il porta la main à la poignée de son sabre. Ce geste fut interprété comme une menace, et il se répandit que M. Montet avait voulu fondre sur le peuple.

« Les dragons et autres soldats, depuis incarcérés, assurent qu'ayant conçu de l'inquiétude sur l'attroupement qui s'était formé, ils se rendirent à l'hôtel-de-ville, où est le corps-de-garde, pour là attendre le résultat de la négociation entamée entre la Garde et les Officiers municipaux, et empêcher que le peuple ne se rendît maître des armes de l'arsenal.

« Dans le même instant, un nègre, nommé Balthasar, convoqua une assemblée de catholiques aux Cordeliers ; il distribua des billets imprimés. Cette assemblée devint très-nombreuse. Quelques personnes montèrent successivement dans la chaire ; on y excita le peuple, en attestant que la compagnie de dragons, mêlée de protestants ou de mauvais catholiques, s'était emparée du corps-de-garde et de l'arsenal.

« Lorsqu'on eut annoncé aux Cordeliers que les dragons avaient pris les armes de l'arsenal, le peuple se transporta en foule à l'hôtel-de-ville. On arracha la cocarde nationale. Le peuple était muni de pierres, d'armes à feu enlevées chez les armuriers ; d'autres étaient armés de bâtons, de broches, etc.

« Le capitaine qui était allé porter la réquisition de la Municipalité au commandant pour faire abandonner le poste occupé par les dragons, rapportait l'ordre conforme à cette réquisition ; mais il ne put pénétrer à travers la foule, et reçut plusieurs coups de fusil.

« Le sieur de Puy-Monbrun atteste que pour dissiper l'attroupement il proposa au Maire de venir avec lui pour contenir le peuple. Il vola à l'hôtel-de-ville : la Municipalité l'abandonna ; le peuple criait qu'il voulait le poignarder. Deux cents personnes fondirent sur lui, et il entendait dire, en parlant de lui : Qu'on l'assassine. La maréchaussée lui sauva la vie ; mais il avait reçu trois coups de sabre et plusieurs coups de bâton.

« Les citoyens détenus attestent que, s'il n'y avait plus d'attroupement devant la porte de M. Delbreil, lorsque la Municipalité y envoya, c'est que M. Delbreil fils s'était rendu, avec les attroupés, aux Cordeliers.

« La ressource indiquée par les Officiers municipaux, de faire sortir les dragons et autres soldats par la petite porte dont ils parlent dans leur procès-verbal, était évidemment illusoire, parce que la grande et la petite porte de la cour sont sur la même ligne, donnent sur la même rue, et ne sont distantes que de quelques pas l'une de l'autre. En sortant par une porte ou par l'autre, ils couraient les mêmes dangers : en sorte que ce qui est attribué à l'entêtement ne doit l'être qu'à une prudence dictée par les circonstances.

« Il est désavoué que les dragons aient attaqué le peuple. On articule, au contraire, que M. Chaunac, ancien volontaire, chevalier de Saint-Louis, actuellement chef de bataillon dans la nouvelle garde, s'élança, le sabre à la main, sur le sieur Gatereau, dragon ; qu'il lui porta un coup dont il lui aurait fendu la tête, si le sieur Gatereau ne lui eût opposé le bras gauche, où il reçut une profonde entaille. Alors le sieur Gatereau tira un coup de pistolet sur le sieur Chaunac, mais ne l'atteignit pas. Les dragons n'avaient entre eux tous que six pistolets de poche.

« Les dragons et autres soldats-citoyens disent qu'étant assaillis à coups de pierres et à coups de fusil, ils se barricadèrent dans le corps-de-garde ; que la populace, ayant à sa tête le sieur Chaunac, les fusillait et écrasait à coups de pierres, tandis que ceux des assiégeants qui étaient sans armes, recevaient les fusils et les munitions du magasin qui leur étaient distribués par les Officiers municipaux ; qu'à mesure que cette distribution avançait, le feu redoublait ; que plusieurs Officiers municipaux, dans un moment aussi critique, étaient dans une parfaite sécurité sur la place.

« S'il y a eu des blessés parmi le peuple, ce dont on ne peut douter, puisque les rapports des chirurgiens, adressés par la Municipalité constatent que le nombre s'est porté à dix, qui ont reçu de légères blessures, on doit imputer cet accident à la maladresse de ceux qui tiraient sur les dragons, et à ce que les balles ou mitrailles se reportaient, du mur contre lequel on tirait, sur les personnes qui étaient près de ce même mur.

« On reproche encore à la Municipalité son refus de publier la Loi martiale, sur la réquisition que leur en faisaient les dragons ; sa lenteur à requérir le régiment de Languedoc, qui n'arriva qu'à 5 heures et demie, c'est-à-dire près de 3 heures après le commencement de la scène. On lui reproche enfin de n'avoir pris aucune mesure convenable pour dissiper les attroupements, qui existaient dès le matin, et se succédaient à toutes les heures du jour.

« Les dragons et autres soldats-citoyens demandaient la

vie; ils avaient mis un mouchoir blanc au haut d'une baïonnette : on leur cria de rendre les armes; mais pendant ce temps on redoublait de coups de fusil à travers la porte et les fenêtres.

« Lorsque la Maréchaussée eut pu se frayer un passage, lorsque le régiment de Languedoc fut arrivé, on fit sortir ceux qui étaient dans le corps-de-garde. Le Maire de la ville et un autre Officier municipal escortèrent ces infortunés pendant qu'on les conduisait en prison. Le Maire portait le drapeau blanc, et les prisonniers dégradés, deshabillés malgré leurs blessures, furent dans cet état conduits, au milieu des grenadiers et chasseurs, d'abord devant l'église cathédrale, où on leur fit faire une espèce d'amende honorable, puis dans les prisons, où ils restèrent détenus jusqu'au 29 mai.

« On assure que le peuple, fier de sa victoire, criait : Vive le Roi ! à bas la Nation et la Cocarde nationale.

« Le respect dû à la vérité nous oblige de vous faire remarquer ici, Messieurs, que le récit qui vous a été fait à votre séance du 17 mai, d'après la lettre parvenue à votre comité, a été inexact dans la partie où l'on disait que M. de la Force était à Montauban, et excitait le peuple aux Cordeliers. Il est constant que M. de la Force n'était point alors à Montauban, et votre comité croit devoir rectifier en même temps l'erreur dans laquelle on l'avait induit à cet égard (1).

« Les Officiers municipaux s'occupèrent, le 10 mai au soir et le lendemain, à trouver les moyens de rétablir le calme. Le 11 ils firent publier une proclamation, par laquelle ils défendirent les assemblées de jour et de nuit, et interdirent aux religieux de prêter territoire ; ordon-

---

(1) Il avait quitté Montauban le 8 mai et n'y rentra que le 28. — Voir sa *Lettre au Maire de Montauban*, n° 83.

nèrent le rapport des armes dans les arsenaux pour n'en sortir que par ordre de la Municipalité, et dans les cas seulement qui pourraient l'exiger, et qu'ils annoncèrent avec confiance ne pas devoir se reproduire ; ils défendirent également, sous peine de 25 livres d'amende, de tirer des coups de fusils, pistolet, boites, etc. ; et ils enjoignirent aux cavaliers de maréchaussée, soldats de la compagnie du guet, et à toutes personnes armées par autorité publique et légitime, d'arrêter les contrevenants.

« Dans son réquisitoire en tête de cette proclamation, le Procureur de la Commune exhorte le peuple à la paix, et à abjurer la haine et la vengeance. « Bon peuple, lui dit-il, votre douleur atteste que vous êtes né doux et compatissant, que votre nature aimable et facile peut s'irriter, mais qu'il ne tarde pas à revenir aux impressions de l'humanité, aux premières émotions du sentiment ; au fort même de votre courroux vous n'avez voulu de victime que celles du hasard ou de la témérité. »

Ce peuple, dit la Municipalité, rentra aussitôt dans l'ordre ; les nouvelles compagnies furent mises en activité.

« Les Officiers municipaux, en vous adressant leur procès-verbal, y ont joint une copie de lettre écrite par M. de Puy-Monbrun au Curé de Montauban (1). Comme on tire des inductions de cette lettre, il est essentiel qu'elle soit mise sous vos yeux. Elle est ainsi conçue :

Monsieur,

Recevez l'hommage de tous mes remerciements de l'intérêt que vous avez daigné prendre à l'homme qui vous respecte le plus, et qu'on calomnie et outrage de la manière la plus horrible. C'est uniquement parce que j'ai cru faire le bien, que j'ai accepté une place qui ne m'a causé que les plus vives inquiétudes. Forcé de déférer sans cesse à un conseil et à un état-major formé depuis longtemps, j'étais heureux lorsque j'avais fait quelques progrès dans

---

(1) *Lettre de M. de Puy-Monbrun*, n° 57.

leur confiance ; par ce moyen j'étais assuré de la tranquillité de la ville, et enfin j'étais parvenu à obtenir de pleins pouvoirs pour réunir les huit compagnies de la Garde nationale. Quoique, en présenc de l'état-major, je parus désirer quelque sacrifice de la Municipalité, mon plan était de la laisser maîtresse absolue ; et en obtenant cette réunion si désirée, que je n'avais pu obtenir que par degrés, je me promettais les plus douces jouissances. Vous connaissez tous nos malheurs, qu'une imprudente jeunesse a occasionnés, et que j'ai cherché à prévenir en donnant les ordres les plus précis, et en exposant enfin ma vie, qui a couru les plus grands dangers : c'est à Dieu que je dois ce miracle, qui m'imposera la loi de ne jamais jouer aucun rôle que celui de bon citoyen, qui ne m'abandonnera qu'avec la vie, etc.

Signé : De Puy-Monbrun.

« Je dois maintenant vous observer, Messieurs, que M. de Puy-Monbrun, dans une lettre du 6 juillet, s'explique ainsi :

J'ai envoyé au commissaire du Roi une copie de ma lettre à la Municipalité, et une réfutation du *Procès-verbal* et de l'*Examen sommaire,* rempli de réticences criminelles ou de faussetés. A la fin de ce dernier ouvrage, on explique d'une manière outrageante une lettre de remerciement au Curé de la ville, qui est défigurée, et dont l'interprétation est injurieuse pour mes sentiments pour l'ancienne Garde nationale.

« Dans sa relation au commissaire du Roi, M. de Puy-Monbrun dit qu'il a taxé la jeunesse d'imprudence, et il explique en quoi consiste cette imprudence. Elle est assaillie, dit-il, par le peuple ; elle se réfugie dans l'hôtel-de-ville pour y garder les armes ; on la poursuit. Sa démarche, fatale pour elle, est imprudente.

« La Municipalité, dans sa lettre du 12 mai à l'Assemblée nationale (1), dit qu'elle est pénétrée de douleur des excès auxquels s'est portée une jeunesse imprudente et téméraire, qui a été cruellement punie

(1) *Lettre de la Municipalité,* n° 83.

de ses attentats contre la sûreté publique ; elle regrette de n'avoir pu prévenir ces scènes sanglantes, mais du moins elle a la consolation d'avoir arraché au ressentiment du peuple un grand nombre de victimes, du sang desquelles il semblait altéré.

« Aussitôt que l'évènement désastreux du 10 mai fut connu de l'Assemblée nationale, elle rendit, le 17 mai, un décret pour prendre les mesures capables de rétablir le calme. Elle ordonna à tous les citoyens de porter la cocarde nationale, et mit les non-catholiques sous la protection de la loi. En même temps elle décréta les mesures les plus sûres pour que justice fût faite de tous ceux qui, par négligence dans leurs fonctions ou par des manœuvres séditieuses, avaient excité ou fomenté ces désordres.

« Les villes voisines de Montauban, sensiblement affligées de ces malheurs, s'empressèrent d'offrir un asile aux infortunés proscrits : les émigrations étant devenues nécessaires à quantité de familles, la ville de Bordeaux prit un arrêté le 15 mai, pour inviter les citoyens de Montauban à venir à Bordeaux, où ils trouveraient asile, force et tous les secours de la fraternité la plus amicale ; elle engagea toutes les autres villes, les bourgs et villages à faire les mêmes offres. Dix-sept autres municipalités suivirent ce généreux exemple.

« La ville de Bordeaux ne s'en tint pas là ; elle arrêta de voler au secours des citoyens de Montauban qui étaient dans les fers. La Garde nationale bordelaise, de concert avec la municipalité, envoya un corps de 1,500 hommes, composé de cette même Garde et d'un détachement du régiment de Champagne, à Moissac, où il devait attendre les ordres de l'Assemblée nationale ou du Roi.

« Les Officiers municipaux de Montauban ne virent point dans cette démarche de l'armée bordelaise le sentiment qui l'avait dictée. Dans une lettre datée du 16 mai, ils rendirent compte à l'Assemblée nationale du résultat de leurs travaux pour rétablir le calme. Ils annonçaient avoir pourvu d'une part aux subsistances, et procédé à une nouvelle promotion à tous les grades dans la Garde nationale, qui n'existait plus par la dispersion de son état-major, de son conseil de guerre, et par le départ de quelques-uns de ses membres, devenus suspects à cause de leurs opinions religieuses. L'ancienne Garde nationale était, suivant leur récit, presque entièrement fondue dans la nouvelle, et ne connaissait d'autre chef que la Municipalité.

« Ils attestaient encore que les non-catholiques, oubliant toute division, prodiguaient les secours aux infortunés ; que les prisonniers étaient traités avec beaucoup d'égards, et qu'ils confessaient devoir leur salut à la Municipalité.

« Cette lettre ne parvint à l'Assemblée nationale qu'avec une autre du 19 mai, par laquelle les Officiers municipaux dénonçaient que les Bordelais venaient fondre sur eux, la flamme et le fer à la main. Ils avaient député vers eux des commissaires chargés de paroles de paix, et ils sollicitaient un décret pour prévenir l'incendie près d'embraser la ville de Montauban.

« Lors de la députation envoyée le 19 à Moissac par la Municipalité de Montauban, il avait été pris une délibération par laquelle on déclarait que l'élargissement des prisonniers ne pouvait se prolonger que jusqu'au retour des députés. Dans cette délibération imprimée, le Maire dit : « qu'il conviendrait de rendre la liberté aux infortunés à qui, dans la fatale journée du 10 mai, la prison fut ouverte, plutôt pour leur servir d'asile, que pour les retenir captifs. Il n'est aucun citoyen qui n'ait versé des larmes sur leur sort, dont le cœur n'aille au devant de leur délivrance. » De ces expressions du Maire elle a induit qu'il était lui-même pénétré de cette vérité, que les prisonniers étaient plutôt malheureux que coupables.

« Le 22 les députés revenus de Moissac rendirent compte de leur mission. Ceux qui ne faisaient pas partie de la Municipalité avaient convenu, devant le détachement bordelais, que la religion avait servi de motif ou de prétexte aux fureurs du peuple, qu'on avait trompé ; que les volontaires de la Garde nationale n'avaient pas attiré par leur faute les meurtres et les emprisonnements dont ils étaient les victimes ; qu'ils s'étaient toujours contenus dans les bornes d'une défense naturelle et légitime. Ils prièrent au surplus le détachement de ne pas exiger d'eux d'autres éclaircissements, ne devant pas y répondre par ménagements pour les autres députés Officiers municipaux. A leur retour, l'élargissement des prisonniers fut d'abord ordonné, et une députation fut nommée pour aller en rendre compte à l'armée bordelaise ; mais le peuple étant alors en fermentation, on déclara suspendre l'élargissement jusqu'à l'arrivée des députés attendus dans la journée.

« L'après-midi du 22 mai procès-verbal fut dressé, par la Municipalité, des attroupements du peuple, furieux de l'élargissement prononcé ; il usait de menaces, demandait des armes, et déclarait ne vouloir pas faire du mal aux prisonniers, mais s'opposer à leur sortie de prison avant que l'armée de Bordeaux retrogradàt. La Municipalité prit des mesures pour dissiper les attroupements, promit en même temps que les prisonniers continueraient d'être détenus et une nouvelle députation fut envoyée au détachement de l'armée bordelaise.

« Un des députés rentra le soir à Montauban et se concerta avec la Municipalité pour ramener la paix.

« Dans le procès-verbal du 22, la Municipalité de Montauban se plaignit hautement de la conduite des citoyens de Bordeaux, de la calomnie répandue contre les Officiers municipaux ; ces derniers demandaient à l'Assemblée nationale d'ordonner une information légale pour dévoiler les manœuvres séditieuses qui avaient fomenté les désordres dont avait été affligée la ville de Montauban. Ils ajoutaient que les Municipalités voisines s'étaient empressées d'offrir leurs bons offices auprès du détachement bordelais pour l'engager à rétrograder.

« Les Officiers municipaux de Montauban écrivirent aux Municipalités voisines de contenir leurs troupes, et de ne les faire marcher qu'à leur réquisition.

« Toulouse et vingt autres villes et municipalités voisines, après s'être concertées sur le parti à prendre, offrirent leur médiation. Elles voulaient surtout protéger l'élargissement des prisonniers, et les secours qu'elles proposaient au besoin avaient particulièrement cet élargissement pour objet. Les Officiers municipaux de Montauban refusèrent cette médiation, parce qu'on attendait M. de Verneuil, envoyé par le Roi pour rétablir la paix, mais qui ne put venir par suite d'indisposition.

« M. le général Dumas fut chargé directement des ordres du Roi, et la Municipalité annonça le 26 mai son arrivée; dans sa proclamation elle ordonnait la plus parfaite soumission, et recommandait au peuple montalbanais de placer sa confiance dans la sagesse de l'Assemblée nationale, dans l'autorité du Roi, et dans les ordres qui émanaient de lui, par l'entremise de celui qui venait pour être l'image de sa justice et de sa bienfaisance.

« Le 28 mai M. Dumas arriva à Montauban et annonça que le détachement bordelais, qui avait ordre de rester à Moissac, n'avait aucune intention hostile. Il observa que 55 citoyens gémissaient en prison sous l'oppression populaire, tandis qu'ils devaient être sous la protection de la Loi. »

Après avoir rendu compte à M. Dumas de ce qui s'était passé, il fut arrêté qu'il serait fait une proclamation pour le lendemain 29 mai. Ce jour-là, M. le commissaire du Roi s'aperçut, dit la Municipalité, que le peuple était disposé à ne consentir à l'élargissement des prisonniers, que lorsque le détachement de Bordeaux aurait rétrogradé : alors M. Dumas chargea M. Delarue, son beau-frère, d'une lettre pour ce détachement ; puis il harangua le peuple, et lui lut la lettre qu'il envoyait. Cette lettre fut vivement applaudie, et aussitôt le citoyen Gerlié fils, garde national, délégué par une partie de la population, vint demander que les prisonniers sortissent à l'instant.

Profitant de l'enthousiasme du peuple, qui jura qu'il défendrait les jours des prisonniers s'ils étaient attaqués, on se porta aux prisons, dont les portes furent ouvertes aux citoyens détenus : le peuple leur manifesta des témoignages d'amitié et d'intérêt. M. Dumas embrassa le jeune Gerlié et lui donna une médaille représentant l'entrée du Roi à Paris (1).

Les ordres furent expédiés pour que le détachement bordelais eût à se retirer le lendemain. La Municipalité s'exprima, dans son Adresse à l'Assemblée nationale, de la manière la plus satisfaisante sur la conduite tenue par M. Dumas dans l'exercice des fonctions délicates dont il était chargé. Le calme fut maintenu à Montauban à partir cette époque.

Le 6 juin la Municipalité fit prêter aux quatre bataillons de la Garde nationale le serment civique, en présence de M. Dumas et de ses aides de camp, ainsi que des officiers du régiment de Languedoc.

Le 8 juin fut fait, par la médiation de M. Dumas, un acte entre les citoyens de tous les états et des deux cultes. Trente-quatre citoyens y déclarent, au nom de la Patrie, qu'ils veulent jouir des droits de l'homme consacrés par la Constitution ; qu'ils se garantissent mutuellement la

(1) Le procès-verbal de l'arrivée et du séjour du général Dumas est transcrit dans le nouveau *Livre jaune*, f°° 1-4, à la date du 31 mai. C'est un document officiel très-intéressant : nous le reproduisons après les *Notes bibliographiques*. — *Archives municipales, section BB*.

liberté de tous les actes de citoyen ; ils se considèrent égaux devant la Loi, et veulent observer tous, avec des cultes différents, les mêmes principes, la même morale, renfermés dans les lois sociales. Ils déclarent aux ennemis de la Constitution, s'il en existe, que les querelles religieuses des siècles d'ignorance ne peuvent se renouveler ; qu'ils veulent, par la plus indissoluble union, en effacer la dernière trace, et tiennent pour ennemis publics ceux qui tenteraient d'en réveiller le souvenir. Ils adhèrent pour l'avenir aux lois constitutionnelles, renouvellent leur serment de les maintenir, et d'exécuter avec zèle et respect tous les décrets de l'Assemblée nationale sanctionnés par le Roi.

Trente-un autres citoyens accédèrent avec transport à cet acte, dont ils adoptaient les principes, après s'être expliqués sur quelques expressions qui y étaient employées.

La Municipalité ordonna le dépôt de cet acte, comme un monument de concorde, et déclara qu'elle adoptait la manifestation des sentiments qu'elle avait toujours professés ; elle adhéra aux vœux exprimés dans l'acte, ainsi qu'aux additions faites par les derniers signataires, et lui donna la plus grande publicité (1).

Après avoir terminé la première partie de son rapport, que nous avons reproduite presque toute entière parce qu'elle résume exactement les sentiments qui animaient les deux partis, M. Vieillard, oubliant son rôle de rapporteur, commence son réquisitoire en ces termes :

« La Municipalité de Montauban a été vivement incul-

(1) *Déclaration et profession patriotique*, n° 36. — Cet acte de paix et de concorde fut adressé par les *Officiers municipaux de Montauban* à tous leurs *Confrères* des villes voisines, avec une lettre d'envoi exprimant l'espoir « que la qualité de Français et de citoyens, qui est commune à tous, ne fera de cette cité qu'une même famille de frères et d'enfants de la Patrie. » — Les 34 citoyens qui les premiers signèrent l'acte de concorde étaient presque tous protestants et négociants ; les 31 adhérants étaient au contraire tous catholiques et occupaient une haute position dans le clergé, la magistrature ou l'armée.

pée ; elle sollicite une réparation authentique et éclatante, afin de faire disparaître jusqu'aux nuances de la calomnie répandue contre elle.

« D'autre part, les citoyens qui ont été détenus, aidés des témoignages des Municipalités voisines, des procès-verbaux de la maréchaussée et de l'armée bordelaise, demandent qu'on leur procure les moyens de rentrer dans leur patrie. Ils imputent aux Officiers municipaux les malheurs qui ont ensanglanté Montauban. Beaucoup d'autres citoyens de cette ville demandent également justice contre les Officiers municipaux.

« La première réflexion que suggère l'humanité, est de considérer l'état actuel de cette ville. Si le calme y était parfaitement rétabli, comme on le dit et comme on l'infère des actes signés depuis la journée du 10 mai ; si les familles qui ont déserté cette cité, pour fuir la mort dont elles étaient menacées, étaient rentrées dans leurs foyers ; si tout germe de division était assoupi et parfaitement éteint, il semblerait alors que l'Assemblée nationale, qui s'est toujours signalée par son indulgence, pourrait ne pas s'attacher, dans la circonstance actuelle, à ordonner la recherche et punition de ceux qui ne se seraient rendus coupables que d'imprudences ou de légères négligences. Peut-être faudrait-il se borner, en ce cas, à donner des regrets aux malheureuses victimes que l'erreur plutôt que le crime auraient immolées.

« Mais votre Comité a pensé que les circonstances sont telles, qu'il ne faut pas se laisser égarer par un sentiment de commisération et d'humanité. Ce qui est arrivé à Montauban a fixé les regards et l'attention de toute la France. En remettant trop légèrement certains délits, il peut, il doit résulter même de leur impunité, l'ébranlement de la Constitution que vous donnez à la Nation. Vous devez à votre caractère de représentants d'un grand peuple, d'examiner avec scrupule si ceux qui, en vertu de vos décrets, ont été revêtus et honorés de la qualité d'administrateurs, ont rempli, comme ils devaient le faire, les fonctions qui leur ont été dévolues. »

Le rapporteur expose de nouveau les diverses contestations agitées précédemment à Montauban entre la Garde nationale et la Municipalité, ainsi que les moyens dont chacune d'elles a fait usage pour soutenir ses prétentions; mais cette fois il insiste sur les accusations formulées contre les magistrats municipaux dans les écrits les plus violents, même dans les anonymes, quoiqu'il eût annoncé son intention de n'en tenir aucun compte.

Voici la fin de ce réquisitoire :

« Depuis les malheurs arrivés à Montauban, la Municipalité a fait ses efforts pour faire écarter les soupçons auxquels sa conduite antérieure avait donné lieu. Elle a fait différentes opérations pour rétablir le calme ; elle a exécuté depuis ce temps plusieurs de vos décrets, notamment en ce qui concerne les visites des maisons religieuses. Elle a aussi fait prêter serment civique à la Garde Nationale, mais elle avait, sur une pétition antérieure, déclaré qu'il n'y avait pas lieu de prononcer sur cette demande. Les Officiers municipaux observent que les circonstances n'avaient pas permis de le faire prêter plus tôt.

« Votre Comité a pensé, Messieurs, que les efforts faits par la Municipalité de Montauban depuis le 10 mai, pour vous prouver sa déférence à vos décrets, ne peuvent excuser la conduite qu'elle a tenue, tant avant que ce jour-là même. Il a remarqué que, dans tous les temps et dans toutes les circonstances, la Garde nationale s'était conduite envers la Municipalité avec les égards et la subordination qu'on pouvait exiger d'elle; que les prétentions qu'elle a élevées ne peuvent point être envisagées comme un crime, et que son recours à votre autorité, en annonçant son respect et sa confiance, n'ont d'ailleurs pu indisposer la Municipalité, puisque l'exécution était provisoirement donnée aux ordres des Officiers municipaux.

« Le changement opéré par la Municipalité dans la Garde nationale est une entreprise évidente sur ses droits, puisque, par vos décrets, et notamment par celui du 10 avril, tout devait s'opérer de concert. Il a paru à votre Comité que le nouvel ordre de choses établi dans cette Garde nationale ne peut subsister. Vous n'avez à choisir que de deux partis l'un : ou de laisser les choses dans leur état actuel, auquel cas vous confirmerez l'espèce de proscription prononcée contre les membres chassés et les familles qui ont été forcées de quitter la ville ; ou de rétablir les choses dans leur ancien état, auquel cas les citoyens actifs s'enrôleront, par la voie d'incorporation, dans les compagnies et bataillons créés par le règlement du 11 septembre. Dans cette alternative, votre comité a pensé que vous ne balanceriez pas à prononcer, d'après les principes consacrés par vos décrets, et particulièrement celui du 10 avril, rendu pour la ville de Montauban même.

« Quant aux Officiers municipaux, votre comité n'a pu être de l'opinion du Ministre qui leur a donné des éloges. Après avoir suivi de point en point leur marche envers la Garde nationale, depuis le moment de leur institution, votre comité s'est convaincu qu'ils ont fait naître, autant qu'ils l'ont pu, les occasions de mortifier ce corps ; que loin d'agir de concert avec lui, ils ont cherché à appesantir sur lui leur autorité ; qu'ils ont donné au fanatisme l'aliment le plus fort, en permettant et encore en ne surveillant pas les assemblées des soi-disant catholiques ; que les malheurs du 10 mai ne doivent leur cause qu'à l'insouciance coupable des Officiers municipaux, qu'à l'opiniâtreté avec laquelle ils ont voulu faire réussir leur système de création de nouvelles compagnies, malgré les réclamations nombreuses qui étaient faites auprès d'eux ; qu'enfin la conduite tenue par les Officiers municipaux le 10 mai ne peut qu'attirer sur eux les reproches les plus mérités.

« Votre Comité a appris, Messieurs, que par un ordre donné par M. le Garde des sceaux, il s'est fait et se continue à Montauban une information sur ce qui concerne l'évènement du 10 mai : mais nous vous observons qu'une information faite dans la ville où le fanatisme et les passions les plus violentes agitent tous les esprits, et divisent les citoyens en deux partis, on ne peut raisonnablement se promettre d'acquérir par cette voie les connaissances vraies qu'il est essentiel de se procurer. Cette information n'est pas nécessaire pour déterminer votre décision telle que vous la porterez aujourd'hui. Si vous vous déterminez à juger la Municipalité de Montauban relativement à l'exercice des fonctions administratives qui lui étaient confiées, vous n'avez besoin à cet égard que du procès-verbal même des Officiers municipaux. Votre Comité s'est particulièrement attaché à ce procès-verbal, qui ne peut être rejeté par ses auteurs. Il a remarqué, d'après les réflexions qu'il vous soumet, qu'il en résulte plus qu'à suffire pour établir que les Officiers municipaux sont coupables en ce qu'ils ont fait ce qu'ils ne devaient pas faire.

« L'information deviendra sans doute nécessaire, mais votre Comité croit que ce ne peut être au juge de Montauban que le soin de la faire doit être confié. Les citoyens qui ont été détenus vous ont présenté une Adresse, dans laquelle ils vous supplient de nommer un autre tribunal que celui de Montauban.

« Dans ces circonstances, votre comité a l'honneur de vous proposer le projet de décret suivant. »

(Suit le projet de décret, dont on trouvera ci-après, p. 61, le texte définitif voté par l'Assemblée nationale.)

Les suites de la journée du 10 mai.

Notre récit serait incomplet si nous ne donnions pas le résumé des débats qui eurent lieu à l'Assemblée nationale à l'occasion des troubles du 10 mai, depuis le moment où ils furent connus à Paris, jusqu'à la fin de 1790. Nous devons donc reprendre ce récit d'après les documents officiels et en suivant l'ordre chronologique :

17 mai. — L'Assemblée nationale fut appelée à s'occuper des évènements de Montauban par la communication d'une lettre d'un sieur *Peyrouret* (1), accusant les catholiques d'avoir voulu égorger les protestants, disant que les Montalbanais avaient été fanatisés par les mandements et les prières, que les dames de Caumont avaient fait dire une messe dans ce but, et que leur frère le duc de La Force, le sabre à la main, avait conduit les catholiques à la maison commune pour égorger les protestants qui s'y étaient réfugiés.

Malgré l'opposition de M. de Cazalès, demandant les preuves de ces accusations, et apportant une lettre adressée par M. de Malartic à son frère, absolument différente de celle de Peyrouret, l'Assemblée nationale, après avoir entendu M. de Lameth, l'abbé Gouttes et l'évêque de Nîmes, ferma la discussion et décréta :

« Que son président se retirerait à l'instant par-devers le Roi, pour le prier de prendre les mesures les plus promptes et les plus efficaces pour que le calme fût rétabli à Montauban ; qu'il serait ordonné à tous les citoyens de porter la cocarde *nationale,* et que les non catholiques étaient mis sous la sauvegarde de la loi.

« L'Assemblée déclara en outre qu'elle prendrait les mesures les

---

(1) Peyrouret était un habitant de Monclar, qui resta toute la journée du 10 mai dans une auberge, où il logeait. On a la preuve que sa lettre fut *travaillée* par les ennemis de la Municipalité, qui la firent souscrire par ce misérable. Quand M. de Cazalès demanda communication de cette lettre, M. Vieillard déclara que l'original avait disparu du dossier. — *Affaire de Montauban,* n° 15. — Le *Moniteur* du 17 mai donne une longue analyse de deux lettres de *Peyrouret,* « qui était venu, mais trop tard, disait-il, offrir un secours de 4,000 hommes à M. de Puy-Monbrun. » Il ajoutait que 600 femmes, l'épée au côté, étaient réunies à la porte du couvent des Cordeliers, que le duc de La Force entraîna le peuple à la mairie, etc. — On a déjà vu, ci-dessus, p. 45, que M. Vieillard lui-même avait reconnu la fausseté de cette accusation.

plus sûres pour que justice fût faite de tous ceux qui, par négligence dans leurs fonctions ou par des manœuvres séditieuses, avaient excité et fomenté des désordres. »

2 juin. — Un secrétaire de l'Assemblée lit une lettre de Montauban, annonçant que les prisonniers du 10 mai ont été mis en liberté, que le général Dumas a gagné tous les cœurs, et qu'on attend avec confiance le résultat de l'information et de la décision de l'Assemblée nationale.

14 juin. — Lecture est donnée de l'*Adresse* de 55 citoyens de Montauban arrêtés le 10 mai — Voir n° 120.

5 juillet. — M. de Nérac lit le récit du voyage de l'armée bordelaise à Moissac, et en demande l'impression, qui est refusée.

22 juillet. — L'ordre du jour appelle l'affaire de Montauban. M. Vieillard, au nom du comité, présente le rapport, dont la lecture dure 3 heures : nous l'avons reproduit presque tout entier.

M. de Virieu demande communication des pièces originales, dont le rapporteur a tiré tant d'inductions. On ne l'écoute pas.

M. Faydel, député du Quercy, ne voit dans le rapport du comité que l'effet des préventions qui ont produit les idées les plus exagérées, tandis qu'on a la vérité sous la main (1).

M. de Lameth demande le jugement immédiat, et regrette qu'on n'ait pas mis à la lanterne les Officiers municipaux de Montauban.

M. Garat insiste pour le renvoi au 24, qui est adopté, au milieu du bruit et des clameurs de la majorité, évidemment très-hostile.

24 juillet. — M. de Cieurac, maire de Montauban ; M. Lade, procureur de la commune, et M. Mialaret, officier municipal, demandent à être entendus pour présenter l'*Adresse de la Municipalité*, n° 18. — L'Assemblée décide de les entendre le 26, contrairement à l'opinion de M. Robespierre.

26 juillet. — Les députations de la Municipalité et de la Garde nationale sont introduites dans l'Assemblée, qui est fort agitée.

M. Lade, au nom des magistrats municipaux, obtient le premier la parole. « Son discours, écrit avec noblesse, et prononcé avec

(1) M. Faydel, sortant un soir à 10 heures de l'Assemblée nationale, où il avait pris les pièces justificatives de la Municipalité de Montauban pour les étudier, fut suivi par huit individus qui avaient comploté de lui enlever ces papiers : heureusement il eut le temps de les remettre à un garde national qu'il rencontra avec trois de ses amis. — *Moniteur* et *Affaire de Montauban*.

dignité et sensibilité, était divisé en deux parties, dont la première ne contenait que des réflexions générales sur l'affaire ; la seconde présentait une discussion lumineuse des faits, et il a paru en résulter, pour tout homme impartial, que l'agression était venue du côté des gardes nationaux. »

M. Lade fit observer que, depuis le 10 mai, trois membres de la Municipalité n'en faisaient plus partie, ayant été nommés membres de l'administration du département, et qu'un quatrième M. Lagarrigue, le seul qui, se trouvant intimidé par les menaces du peuple, lui avait délivré des armes, était aussi démissionnaire ; par suite, les électeurs avaient nommé Officiers municipaux quatre autres notables, complètement étrangers aux malheurs du 10 mai et qui cependant allaient être atteints par le décret proposé.

En terminant, M. Lade prouva, jusqu'à l'évidence, que la disposition du décret qui déclarait l'information faite à Montauban non avenue, et renvoyait l'affaire à Toulouse, était en contradiction avec plusieurs décrets, et particulièrement avec celui qui avait déféré au Roi les mesures à prendre pour rétablir la paix à Montauban.

L'hostilité de la majorité de l'Assemblée se manifesta par des applaudissements, aussitôt que M. Combes-Dounous se présenta au nom de la Garde nationale. Après avoir déclaré « qu'il était absent de Montauban le 10 mai, et que par conséquent il ne pouvait répondre des faits qu'il allait exposer, » cet orateur reproduisit brièvement les diverses accusations formulées contre la Municipalité, et les tribunes l'applaudirent avec tant d'inconvenance, que M. Riquetti Mirabeau jeune s'écria : « qu'elles étaient vendues ! »

M. Malouet demanda que les députés de la Municipalité fussent autorisés à répondre à M. Combes-Dounous de vive voix ou par écrit.

M. de Lameth combattit cette proposition.

M. de Cazalès l'appuya inutilement, en rappelant que, peu de jours avant, l'Assemblée, sans suspendre la Municipalité de Nimes, avait chargé le Présidial d'informer sur les troubles de cette ville.

L'abbé Maury ne put pas même se faire écouter, et la minorité de l'Assemblée quitta la salle en protestant, après avoir entendu la lecture d'une lettre des députés de la Municipalité, qui désavouaient formellement tous les faits avancés par leurs adversaires, « et les mettaient au défi d'en produire aucune preuve légale. »

La proposition de ne pas discuter ayant été adoptée, l'Assemblée vota le décret suivant, proposé par le rapporteur :

« L'Assemblée nationale, après avoir entendu son comité des rapports, déclare que l'information commencée devant le juge de Montauban, relativement à l'évènement arrivé dans cette ville le 10 mai dernier, demeure comme non avenue ;

« Ordonne que son président se retirera par-devers le Roi, pour supplier Sa Majesté de donner des ordres pour que l'ancienne Garde nationale montalbanaise soit rétablie dans le même état qu'elle était avant l'ordonnance des Officiers municipaux de ladite ville, en date du 6 avril dernier, laquelle ordonnance, ainsi que tout ce qui a été fait en conséquence, est déclarée comme non avenue, sauf aux citoyens actifs qui n'étaient pas de ladite Garde ancienne, à s'y faire incorporer, conformément au décret du 12 juin dernier.

« L'Assemblée nationale décrète : 1° qu'il sera informé devant les Officiers municipaux juges ordinaires en matière criminelle à Toulouse, à la diligence de la partie publique, de tous les évènements arrivés à Montauban le 10 mai, ainsi que de tous ceux qui y sont relatifs, tant antérieurs que postérieurs à ladite époque, en circonstances et dépendances, à l'effet de quoi les pièces déposées au comité des rapports seront incessamment adressées à ladite partie publique ;

« 2° Que jusqu'à ce qu'il soit statué sur ladite information, les membres du Corps municipal de Montauban demeureront suspendus de leurs fonctions à l'époque de la notification qui leur sera faite du présent décret ;

« 3° Que les administrateurs du département du Lot, ou de son Directoire, commettront, sur l'avis du Directoire du district de Montauban, six personnes pour remplir provisoirement dans cette ville les fonctions municipales, dont une sera par eux indiquée pour faire les fonctions de maire, et une autre pour remplir celles de procureur de la commune ;

« 4° Que la notification du présent décret et de la commission qui sera nommée, sera faite au même instant aux Officiers qui composent la Municipalité de Montauban, par les Administrateurs du département ou de son Directoire.

« L'Assemblée nationale charge son président d'écrire à la troupe de maréchaussée à Montauban, pour lui témoigner la satisfaction de la conduite qu'elle a tenue le 10 mai.

« Le président se retirera par-devers le Roi, pour supplier Sa Majesté de donner des ordres pour que le régiment de Languedoc quitte la ville de Montauban et qu'il y soit envoyé d'autres troupes. »

29 juillet. — Après la séance du 26, les députés de la Municipalité de Montauban adressèrent à leurs collègues la lettre suivante, qui fut communiquée le 29 à l'Assemblée nationale :

« Nous vous adressons, Messieurs, le décret qui a été rendu à minuit. Il vous étonnera sans doute, mais il n'ébranlera pas votre constance. C'est le moment, Messieurs, de déployer et de montrer à la France entière que la Municipalité de Montauban méritait un meilleur sort, et qu'elle est victime de l'erreur ou plutôt de la calomnie. Donnons, Messieurs, l'exemple du respect et de l'obéissance ; inspirons ces sentiments au peuple ; que les dernières marques de notre affection, que le dernier acte de notre autorité soient de lui faire sentir qu'il doit se soumettre sans murmure ; que c'est ainsi qu'il confondra la fausse opinion qui l'inculpe, et que le meilleur moyen enfin de nous marquer sa reconnaissance, est d'imiter notre résignation.

Signé : CIEURAC, maire ; MIALARET et LADE. »

10 août. — Le régiment de Languedoc, dénoncé à l'Assemblée nationale par sept soldats déserteurs de ce corps (1) et par la Municipalité de Bordeaux, se trouva atteint par le décret du 26 juillet, qui ordonnait son remplacement à Montauban ; le 5 août il fit imprimer un *Précis des malheurs arrivés à Montauban*, n° 98, et trois officiers, députés par ce régiment, se présentèrent le 10 août à la barre de l'Assemblée pour lui donner communication d'un *Mémoire justificatif*, n° 90, rappelant les services rendus le 10 mai par ce corps, et demandant de rapporter la partie du décret du

---

(1) Nous n'avons pu retrouver cette *Dénonciation*, n° 151.

Le dernier paragraphe du décret du 26 juillet avait été voté sur la proposition de l'abbé Gouttes, qui avait exercé son ministère dans le diocèse de Montauban. — Jean-Julien Gouttes, né à Tulle en 1739, servit dans les dragons avant d'entrer dans les ordres ; en 1768, son cousin Joseph Gouttes, chanoine de Montauban et plus tard bibliothécaire, lui fit obtenir le vicariat de Larrazet, qu'il échangea contre celui de Roquemaure. Il était en 1772 prébendé dans notre cathédrale, en 1776 aumônier des gardes françaises à Paris, ce qui le mit en rapport avec des personnages politiques ; en 1781 curé à Argilliers en Languedoc ; en 1789 le clergé de la sénéchaussée de Béziers le nomma député aux Etats généraux, dont il fut élu président le 29 avril 1790 ; il prêta le fameux serment, appuya la confiscation des biens du clergé et les mesures les plus révolutionnaires, refusa l'évêché de la Corrèze en 1791 et accepta ensuite celui de Saône-et-Loire ; mais, bientôt désabusé de ses illusions, il se retira auprès d'un parent, à Macon, où il fut arrêté pour quelques paroles imprudentes. Conduit à Paris le 25 mars 1794, il monta le lendemain sur l'échafaud.

26 juillet qui le concernait. Après le *Discours* de ces officiers, n° 54, la pétition fut renvoyée au comité des rapports.

13 août. — M. Broglie présenta le rapport sur la pétition du régiment de Languedoc, et divers amendements furent proposés ; mais, malgré les observations de MM. Madier, Malouet et Faydel, le décret suivant fut adopté :

« L'Assemblée nationale, après avoir entendu son comité des rapports, relativement à la pétition qui lui a été présentée par une députation du régiment de Languedoc ;

« Considérant que des motifs de prudence ont uniquement déterminé la disposition du décret du 26 juillet, par laquelle elle a chargé son président de se retirer par-devers le Roi, à l'effet de supplier Sa Majesté de donner les ordres nécessaires pour que le régiment actuellement en garnison à Montauban fût remplacé dans cette ville par deux autres régiments ;

« Déclare que l'honneur du régiment de Languedoc n'a été et n'a pu être compromis par les dispositions du décret du 26 juillet, et qu'en conséquence il n'y a pas lieu à délibérer sur la pétition présentée par les députés de ce régiment. » — *Moniteur du 14 août*

14 août. — Les patriotes de Montauban publièrent le 14 août une *Réfutation*, n° 129, de la *Lettre* et du *Précis* du régiment de Languedoc. Ce corps partit de Montauban le 19 août et fut remplacé par le régiment de Touraine le 27 du même mois.

30 août. — En vertu du décret du 27 juillet, la Municipalité de Montauban, dont nous avons indiqué la composition, p. 10, fut remplacée le 30 août par MM. Fournes, Lugan, Garrisson, Cornac et Ferrand, qui administrèrent la ville jusqu'à l'élection de la nouvelle Municipalité en février 1791.

31 décembre. — Dans la séance du 31 décembre 1790, le décret suivant fut pris sur la motion de M Vieillard :

« L'Assemblée nationale, après avoir entendu son comité des rapports, considérant que l'attribution accordée à la Municipalité de Toulouse de connaître des délits qui s'étaient commis dans la ville de Montauban, a cessé par l'effet des décrets de l'Assemblée sur l'organisation judiciaire, a décrété que la connaissance en est attribuée au tribunal du district de la même ville, et que les pièces de la procédure seront remises au greffe dudit tribunal. ».

Nous croyons savoir qu'il ne fut pas donné suite à cette procédure, dont le dossier est resté dans les archives de la cour d'appel de Toulouse.

Epilogue.

Le 10 mai 1793, troisième anniversaire du 10 mai 1790, la guillotine du département arrivait à Montauban, trop tard pour fonctionner le jour même. Le lendemain samedi, à 8 heures, la sanglante machine était dressée au milieu de la place nationale, et Jean Cladel, âgé de 38 ans, en montait les degrés : le 10 mars, à la tête d'une cinquantaine de camarades royalistes, il avait crié : « A bas la conscription ! point de sort ! » au moment où tous les hommes valides de 18 à 40 ans était appelés au Cours Foucault pour prendre part au tirage qui devait désigner 240 *volontaires* à fournir par la commune de Montauban, pour son contingent dans la levée de 300,000 hommes décrétée par la Convention. Le régiment de Touraine et la garde nationale avec ses dragons assistaient à cette exécution ; des canons étaient braqués aux quatre coins pour maintenir la population accourue en foule, et qui avait manifesté sa sympathie. D'après une chronique Jean Cladel marcha à l'échafaud avec un grand courage ; il était entièrement vêtu de blanc, malgré le mauvais temps et la neige qui tombait en abondance.

L'échafaud politique ne fut dressé que cette fois à Montauban ; mais les membres de la Municipalité du 10 mai et beaucoup d'autres Montalbanais furent forcés de se cacher pendant la Terreur ou d'émigrer pour sauver leur tête.

En mars 1794 M. de Cieurac, l'ancien maire, et M. de Chaunac, chef des volontaires, furent guillotinés à Paris.

Le 24 mars de la même année, Jean-Charles-Vincent Didier de Broca, âgé de 22 ans, fut condamné à la peine de mort par la commission militaire de Bordeaux, « comme
« aristocrate, et parce que la commission est convaincue qu'il
« s'est réuni aux fanatiques qui massacraient les patriotes
« de Montauban dans la désastreuse journée du 10 mai. »
Ce jeune Montalbanais n'avait que 19 ans en 1790, mais il fallait une victime aux Bordelais, qui tenaient à se venger de n'avoir pu mettre nos concitoyens à la raison.

BIBLIOGRAPHIE DE TARN-ET-GARONNE.

ECRITS

RELATIFS

AUX TROUBLES SURVENUS A MONTAUBAN

LE 10 MAI 1790

ET AUX FAITS QUI LES ONT PRÉCÉDÉS OU SUIVIS. (¹)

1. — Adresse des Citoyens catholiques de la ville de Montauban, à Messieurs de l'Assemblée nationale, sur le décret rendu le 13 avril 1790, concernant la Religion, et sur celui concernant la vente des biens du Clergé (Adresse votée le 23 avril 1790).

Montauban, et à *Paris, chez Gattey*, libraire, 1790, in-8°, 12 pages.

2. — Adresse à l'Assemblée nationale, par la Municipalité de Montauban, signée : « Les Officiers municipaux de la ville de Montauban, » le 19 mai 1790, avec notes des 19, 21 et 22 mai.

Montauban, Vincent Teulières, in-8°, 15 pages.

3. — Adresse de la Municipalité de Montauban à l'Assemblée nationale, signée : « Les Officiers municipaux de la ville de Montauban. »

Suivie de :

Copie de la Lettre de la Municipalité de Montauban à l'Assemblée nationale (datée de Montauban, le 23 mai 1790,

---

(¹) Nous avons adopté l'ordre alphabétique pour le classement de ces écrits, parce qu'un certain nombre ne portent pas de date. Les plus importants sont d'ailleurs indiqués déjà dans les notes qui accompagnent le Récit des malheurs du 10 mai.

signée : Cieurac, maire; Dissès, Gironde, Teulières, Vialettes d'Aignan, Arnac, Satur, Vignals, Mialaret, Bernoy).

Sans nom de lieu, sans nom d'imprimeur, in-8°, 15 pages.

4. — Adresse au Roi. — Adresse à l'Assemblée nationale (Ces adresses sont signées, le 26 mai 1790, par des officiers de la Garde nationale de Toulouse, qui blâment l'envoi de troupes armées à Montauban, contre la volonté de la Municipalité de cette ville).

S. l., s. n., in-8°, 14 pages.

5. — Adresse de la Garde nationale de Saint-Antonin à Nosseigneurs de l'Assemblée nationale (à l'occasion des troubles de Montauban).

S. l., s. n., in-4°, 2 pages.

6. — Adresse de la Garde nationale montalbanaise à l'Assemblée nationale, du 6 juin 1790 (au sujet du serment civique et des troubles du 10 mai).

Montauban, Vincent Teulières, in-8°, 6 pages.

7. — Adresse des sous-officiers et soldats du régiment de Touraine à l'Assemblée nationale.

Suivie de :

Lettre écrite le 21 décembre 1790, par les sous-officiers et soldats du régiment de Touraine, en garnison à Montauban, à M. François-Paul-Nicolas Antoine, membre de l'Assemblée nationale;

Extrait du Registre des délibérations des Amis de la Constitution de Montauban (6 février 1791).

Imprimerie de la Société des Amis de la Constitution, in-8°, 7 pages.

8. Adresse patriotique au régiment de Languedoc.

S. l., s. n., in-8°, 3 pages.

9. — Adresse de la Garde nationale bordelaise à l'Assemblée nationale (signée : le duc de Duras et écrite de Moissac).

S. l., s. n., in-8°, 3 pages.

10. — Adresses de la seconde légion de Saint-Barthélemy au Roi et à l'Assemblée nationale, en exécution de la délibération du 22 mai 1790 (Toulouse, le 26 mai 1790).

S. l., s. n., in-8°, 14 pages. — Autre édition, id., in-8°, 14 pages.

11. — Adresses des Légions de la Dalbade et de la Pierre, du 26 mai.

12. — Adresse aux Citoyens de Montauban (appel à la concorde, daté du 20 septembre 1791).
Montauban, Fontanel, 1791, in-8°, 8 pages.

13. — Adresse au Peuple du Languedoc et particulièrement à celui de Toulouse, par un compatriote.
Paris, 1790, in-8°, 14 pages.

14. — Adresse aux femmes de Montauban, extrait du *Mercure national,* tome II, n° 6 ; par Mme Robert, ci-devant Mlle de Kerallio, de l'Académie d'Arras, et de la Société patriotique bretonne (Ecrite après le 11 juillet 1790).
S. l., s. n., in-8°, 8 pages.

15. — Affaire de Montauban, jugée à l'Assemblée nationale dans la séance du lundi soir, 26 juillet 1790, à minuit. Extrait du *Mercure de France,* de la *Gazette de Paris* et de l'*Ami du Roi,* etc.
Contenant aussi :
Décret concernant l'affaire de Montauban.
Montauban, Vincent Teulières, 1790, in-8°, 45 pages.

16. — Arrêté de MM. les Maire et Officiers municipaux de la ville de Bordeaux, du 15 mai 1790, concernant la Proclamation de MM. les Maire et Officiers municipaux de la ville de Montauban, du 11 mai 1790.
Suit :
Proclamation de MM. les Maire et Officiers municipaux de la ville de Montauban, du 11 mai 1790.
(Paris), imp. du Postillon, in-8°, 16 pages. — Autre édition, dans laquelle la « Proclamation de la Municipalité est remplacée par : Ordre du 16 au 17 mai, pour le départ des détachements de la Garde nationale de Bordeaux pour aller à Montauban. » — *S. l., s, n.,* 16 pages.

17. — Arrêté du Châtelet de Paris, du 14 mai 1791. Extrait des Registres de la chambre du conseil du Châtelet.
(Paris), imprimerie de veuve Desaint, in-4°, 3 pages.

18. — A Messieurs de l'Assemblée nationale (Signés

Cieurac, maire ; Mialaret, officier municipal ; Lade, procureur de la Commune).

<small>Sur copie impr. à *Paris, Montauban, Vincent Teulières*, 1790, in-8°, 3 p.</small>

19. — A M. Cérutti, en attendant M. l'abbé Arthur Dillon (Réplique à la « Réponse de M. Cérutti, » n. 186).

<small>S. l., s. n., in-8°, 4 pages.</small>

20. — Aux Citoyens de Montauban, par un Patriote toulousain (Ecrit avant le 4 juillet 1790).

<small>S. l., s. n., in-8°, 19 pages.</small>

21. — Aux Patriotes (Toulouse, 11 août 1790. — Relatif au service solennel célébré pour honorer la mémoire de M. Duchemin, tué le 10 mai).

<small>S. l., s. n., in-8°, 4 pages.</small>

22. — Aux Montalbanais, par M. Combes-Brassard fils (poésie).

<small>*Montauban, Fontanel*, 1790, in-8°, 4 pages.</small>

23. — Avis aux Citoyens catholiques de Montauban, du 21 avril 1790.

<small>S. l., s. n., in-8°, 4 pages.</small>

24. — Avis aux Citoyens de Montauban (La Municipalité, consternée des troubles et des désordres qui ont désolé la ville, engage les citoyens à souscrire pour venir au secours des ouvriers sans travail).

<small>*Montauban, Vincent Teulières*, 1790, placard.</small>

25. — Avis communiqué aux administrateurs de la Police et habitants de la ville de Montauban, le 24 août 1790, relatif aux mesures prises pour le maintien de l'ordre, et au changement de garnison : « Le régiment de Languedoc partira le 19 de ce mois ; le régiment de Touraine le remplacera le 27. »

<small>*Montauban, Vincent Teulières*, 1790, placard.</small>

26. — Copie de la Lettre de M. Thouret, président de l'Assemblée nationale, à MM. de la Garde nationale bordelaise (datée de Paris, 19 mai 1790).

Suivie de :

Copie de la Lettre écrite par M. Thouret à MM. du détachement de la Garde nationale bordelaise à Moissac (Paris, 19 mai);

Copie de la Lettre écrite par M. Nairac, député de Bordeaux à l'Assemblée nationale, à MM. composant le détachement de la Garde bordelaise (Paris, 20 mai 1790) ;

Extrait du procès-verbal de l'Assemblée nationale (du 17 mai 1790);

Décret de l'Assemblée nationale (du 19 mai 1790) ;

Copie de la Lettre écrite à MM. les Maire et Officiers municipaux de la ville de Bordeaux, par M. le Président de l'Assemblée nationale (Paris, 19 mai 1790).

S. l., s. n., in-8°, 8 pages.

27. — Copie de la Lettre écrite par M. le comte de Saint-Priest, ministre et secrétaire d'Etat, à MM. les Officiers municipaux de Montauban (Paris, 20 mai 1790).

Montauban, Vincent Teulières, in-8°, 2 pages.

28. — Copie de l'Adresse des parents des prisonniers, à l'Armée bordelaise.

Contenant :

Copie de la Lettre écrite à Messieurs composant le détachement de la Garde nationale bordelaise par MM. les Maire, Officiers municipaux, notables et les principaux citoyens de la commune de Montauban (19 mai 1790);

Copie de la Lettre écrite par la Municipalité de Montauban à M. de Courpon, commandant le détachement de la Garde nationale de Bordeaux (23 mai 1790);

Copie de la Lettre écrite par M. de Courpon, commandant du détachement de l'Armée bordelaise à la Municipalité de Montauban (datée d'Agen, 23 mai 1790);

Réponse, remise par les commandants, officiers et volontaires du détachement de la Garde nationale bordelaise, aux Députés de Montauban.

S. l., s. n., in-8°, 15 pages.

29. — Copie de la Lettre écrite à MM. les Officiers municipaux de Montauban, par les Maire et Officiers municipaux de Bordeaux (24 mai 1790).

Suivie de :

Copie de la Lettre de MM. les Maire et Officiers municipaux de Bordeaux à M. de Courpon, major général, commandant le détachement à Moissac (24 mai 1790).

S. l., s. n., in-8°, 7 pages.

30. — Copie de la lettre des Officiers municipaux de Montauban à MM. les Maire et Officiers municipaux de Bordeaux (24 mai).

Montauban, Vincent Teulières, in-8°, 3 pages.

31. — Copie de la Lettre écrite à la Municipalité de Toulouse, par M. Courpon, major-général, commandant un détachement de la Garde nationale bordelaise (Moissac, 25 mai 1790).

Suivie de :

Copie de la Lettre écrite à M. Douziech, commandant de la Garde nationale, à Toulouse, par M. Courpon, major-général, commandant un détachement de la Garde nationale bordelaise:

Copie de la Lettre écrite par M. de Saint-Priest à la Municipalité de Montauban, le 20 mai 1790.

S. l., s. n., in-8°, 6 pages.

32. — Copie de la Lettre écrite par MM. les Députés de la Municipalité de Montauban à MM. les Officiers municipaux de la même ville (Paris, 27 juillet 1790).

Montauban, Vincent Teulières, in-8°, 2 pages.

33. — Correspondance de la Municipalité de Toulouse avec celle de Bordeaux pour le pacte fédératif (31 mai 1790).

Contenant :

Extrait des registres de la Maison commune de la ville de Toulouse (26 mai 1790;

Lettre des Officiers municipaux de Toulouse à ceux de Bordeaux (27 mai 1790);

Lettre des Officiers municipaux de Toulouse à M. Courpon, major-général de l'Armée bordelaise, commandant le détachement à Moissac;

Réponse des Officiers municipaux de Bordeaux à ceux de Toulouse (31 mai 1790);

Extrait des Registres de la Maison commune de la ville de Bordeaux (29 mai 1790).

Toulouse, Desclassan, in-8°, 14 pages.

34. — Couplets chantés par la Légion des Dragons de Toulouse, dans un repas où s'étaient réunis aux différentes Légions de cette ville, un détachement de l'Armée bordelaise et plusieurs patriotes de Montauban.

S. l., s. n., in-8°, 3 pages.

35. — Décision du Comité de vérification des pouvoirs remis par les Députés des Gardes nationales du Royaume (du 13 juillet 1790).

Montauban, Vincent Teulières, 1790, in-8°, 4 pages.

36. — Déclaration et profession patriotique des habitants de la ville de Montauban (des 8 et 9 juin 1790).

Montauban, Vincent Teulières, in-8°, 4 pages.

37. — Décret de l'Assemblée nationale concernant les Troupes nationales parties de Bordeaux pour Montauban (du 18 mai 1790).

S. l., s. n., in-8°, 8 pages.

38. — Délibération prise par les Catholiques de Montauban, suivie de quatre différentes Adresses qu'elle a votées en faveur de la Religion, du Clergé et des Ordres religieux (le 23 avril 1790).

Contenant :
Délibération des Citoyens catholiques de la ville de Montauban (du 23 avril 1790, signée du président, Philippe-Auguste de Sainte-Foy, comte d'Arcq);
Adresse au Roi ;
Adresse des Catholiques de Montauban à l'Assemblée nationale ;
Adresse au Roi ;
Adresse des Catholiques de Montauban à l'Assemblée nationale.

Montauban, Vincent Teulières, in-8°, 24 pages et le titre. — Autre édition, s. l., s. n., in-8°, 16 pages.

39. — Délibération de l'église cathédrale de Montauban.

Suivie de :
Lettre au Roi (signée par les dignitaires et le chapitre, 10 mai 1790).

Montauban, Vincent Teulières, 1790, in-8°, 8 pages.

40. — Délibération de la première Légion de Saint Barthélemy (Toulouse, 13 mai 1790).

S. l., s. n., in-8°, 8 pages.

41. — Délibération de la Municipalité, du Conseil général de la commune et des principaux habitants de la ville de Montauban, le 19 mai 1790, heure de dix avant midi.

Montauban, Vincent Teulières, in-8°, 6 p. — Autre édition, 8 pages.

42. — Délibérations de la seconde Légion de Saint Barthélemy de Toulouse (des 13, 20 et 22 mai 1790).

Montauban, Vincent Teulières, in-8°, 4 pages, et *s. n.,* in-8°, 8 pages.

43. — Délibération de la Légion de La Pierre (Toulouse 26 mai).

S. l., s. n. in-8°, 4 pages.

44. — Délibération du Conseil de guerre de la Garde nationale de Cahors (1er juin 1790).

Suivie de :

Lettre à M. Faydel, député à l'Assemblée nationale (Cahors, 2 juin 1790);

Réponse de M. Faydel, député, à la Garde nationale de Cahors (Paris, 13 juin 1790).

S. l., s. n., in-4°, 8 pages.

45. — Dénonciation des excès commis dans le Bas-Limosin, le Quercy et la Bretagne, faite à l'Assemblée nationale, le 28 janvier 1790, par M. le vicomte de Mirabeau, et remise par ordre du Président au comité des rapports.

S. l., s. n., 1790, in-8°, 22 pages.

46. — Détail exact de ce qui s'est passé à Montauban le 10 mai, extrait d'une Lettre.

Paris, imp. Vezard et Le Normant, in-8°, 4 pages.

47. — Détail circonstancié de la nouvelle insurrection de Montauban, avec la « Réponse à ce Pamphlet, par Auguste Retz, ci-devant comte de Chanclos, capitaine du régiment de Touraine. »

S. l., s. n., in-8°, 8 pages. — Cette pièce a été réimprimée dans la brochure qui a pour titre : *Pamphlet... avec la Réponse,* etc, n. 97.

48. — Détails du combat sanglant entre une troupe

d'Aristocrates déguisés en femme et la Garde nationale à Montauban, à l'occasion du serment civique.
(Paris), imp. Girard, in-8°, 8 pages.

49. — Détails de l'horrible massacre des protestants, arrivé à Montauban, ou la nouvelle Saint-Barthélemy.
Paris, Garnery, in-8°, 8 pages.

50. — Détails du blocus..... de Montauban formé par les Gardes nationales de Toulouse et de Bordeaux, avec un train d'artillerie.
(Paris), Girard, in-8°, 8 pages.

51. — Discours à Monsieur le comte d'Esparbès, lieutenant général des armées du Roi, commandant en chef de la Haute-Guyenne, par les Citoyens ci-devant détenus dans les prisons de Montauban après la malheureuse journée du 10 mai 1790 (pour le remercier de sa protection).
Montauban, Fontanel, in-8°, 3 pages.

52. — Discours prononcé le 2 juin 1790, dans la Maison commune, à l'Assemblée des officiers, bas-officiers et fusiliers de la Garde nationale, par M. Vialetes de Mortarieu, ancien officier d'infanterie, et major de ladite Garde nationale.
S. l., s. n., in-8°, 3 pages.

53. — Discours prononcé le lundi 26 juillet 1790, à la barre de l'Assemblée nationale, par M. Lade, procureur de la commune de Montauban, assisté de ses co-députés, MM. de Cieurac, maire, et Mialaret, officier municipal, admis à se faire entendre par un décret du samedi 24 du même mois.
Paris, imp. Girouard, 1790, in-8°, 62 pages. — Autre édition sur copie imp. à Paris, à Montauban, Vincent Teulières, in-8°, 63 pages.

54. — Discours de MM. les Députés du Régiment de Languedoc à l'Assemblée nationale.
Suivi de :
Précis de la lettre de M. de Latour du Pin, ministre de la guerre, à M. le comte d'Esparbès;
Décret de l'Assemblée nationale, du 13 août 1790 (déclarant que la conduite de ce régiment, le 10 mai, a été irréprochable).
S. l., s. n., in-8°, 8 pages.

55. — Discours prononcé dans l'assemblée de la Société des Amis de la Constitution, le 25 novembre 1790, par M. Ferrand, capitaine d'infanterie, un des membres de la Société.

Montauban, Fontanel, in-8°, 15 pages.

56. — Eloge funèbre de M. Georges-François Duchemin, lieutenant de la compagnie des Dragons de la Garde nationale de Montauban, victime du fanatisme religieux et politique, prononcé devant la Société des amis de la constitution de Montauban, le 11 avril 1791, par M. Lacombe fils cadet, citoyen de Villefranche.

Montauban, imp. des Amis de la Constitution (Fontanel), in-8°, 8 pages.

A cet éloge on a joint :

Lettre d'invitation à « l'inhumation du corps du sieur « Georges-François Duchemin, lieutenant de Dragons de la « Garde nationale montalbanaise, qui se fera lundi prochain « 11 avril 1791, à dix heures du matin, dans le cimetière « de la paroisse Saint-Jacques. » — (M. Duchemin, tué le 10 mai 1790, avait été enterré provisoirement dans un jardin).

S. l., s. n., in-4°, 1 page.

57. — Exposé sommaire de ce qui s'est passé à Montauban le 10 de mai, et des causes qui y ont donné lieu, d'après les pièces justificatives envoyées à l'Assemblée nationale (écrit le 12 et envoyé le 13 mai).

Contenant :

Copie de la Lettre écrite par M. le baron de Puymonbrun, commandant de la Garde nationale montalbanaise, à M. le Curé de Montauban, le 11 mai 1790.

Sur copie imprimée à Paris, Montauban, Vincent Teulières, in-8°, 14 pages. — Autre édition, s. l., s. n., in-8°, 16 pages. — Il y a une 3ᵉ édition de cet Exposé, « suivi d'un supplément depuis le 18 mai jusqu'au départ de l'Armée bordelaise, le 28 mai. » — Montauban, Vincent Teulières, 1790, in-8°, 16 pages.

58. — Extrait des délibérations du Conseil de guerre de la Garde nationale montalbanaise, du 29 mars 1790 (vote d'une Adresse au régiment de Languedoc infanterie et à la Garde nationale montalbanaise).

Montauban, Fontanel, in-8°, 8 pages.

59. — Extrait du Livre des délibérations du conseil de l'Armée patriotique bordelaise (séance du 15 avril 1790.

Suit:

Adresse du Conseil militaire à la Garde nationale bordelaise.

Sur l'imprimé à *Bordeaux, Montauban, Fontanel*, in-8°, 7 pages.

60. — Extrait des délibérations du Conseil de guerre de la Garde nationale montalbanaise, 23 avril 1790.

Contenant :

Extrait du procès-verbal de l'Assemblée nationale, du 8 avril 1790;

Rapport fait à l'Assemblée nationale, par M. Goupilleau, président du Comité des rapports, le 10 avril 1790;

Extrait du procès-verbal de l'Assemblée nationale, du 10 avril 1790;

Adresse de la Garde nationale montalbanaise à MM. les Officiers municipaux, le 30 mars 1790.

Montauban, Fontanel, in-8°, 13 pages.

61. — Extrait des Délibération de la Légion de la Danrade, du 12 mai 1790.

S. l., s. n., in-8°, 3 pages.

62. — Extrait du Registre des délibérations de la Légion de la Daurade de Toulouse, du 31 juillet 1790 (Vers adressés à M. de Cieurac, maire de Montauban, en lui offrant, sur l'autel de la Patrie, une couronne civique, au nom de la Commune rassemblée au Cours Foucault, pour la cérémonie du serment et de la fédération patriotique).

S. l., s. n., in-8°, 6 pages.

63. — Histoire des brigandages commis dans le Limousin, le Périgord, l'Auvergne, le Querci, l'Agenois, la Gascogne et le Languedoc, à la fin de l'année 1789 et au commencement de 1790, par M. l'abbé de Mondésir, docteur en Sorbonne, vicaire-général de Besançon.

Montauban, Vincent Teulières, in-8°, 64 pages.

64. — Hommage à la vérité (Ecrit après le 7 septembre 1790 et relatif à la mise en liberté du sieur Marchand, arrêté à l'occasion des troubles du 10 mai).

S. l., s. n., in-8°, 12 pages.

65. — Injustice criante de l'Assemblée nationale (Ecrit pour la défense de la Municipalité de Montauban, après les explications données à l'Assemblée nationale par les Officiers du régiment de Languedoc, le 13 août 1790).

S. l., s. n., in-8°, 31 pages.

66. — Instructions des Maire et Officiers municipaux de la commune de Bordeaux à M. de Courpon, major-général de la Garde nationale de cette ville, commandant le détachement destiné pour Montauban, conformément à la délibération de la Municipalité, du 16 du courant (mai 1790).

S. l., s. n. in-8°, 4 pages. — Ces instructions ont été également publiées avec l' « Ordre du 16 au 17 mai 1790 pour le départ des détachements de la Garde nationale de Bordeaux, pour aller à Montauban, » dans une brochure imprimée à *Bordeaux, Lavieux*, in-8°, 16 pages, et portant ce titre : *Récit au sujet des troubles d'Avignon*; » les 9 premières pages n'intéressent que cette dernière ville.

67. — Jugement rendu par la Commission militaire séante à Bordeaux, qui condamne à la peine de mort Jean-Charles-Vincent-Didier Broca, âgé de 22 ans, vivant de son revenu, ci-devant garde du corps du dernier Roi, natif de Montauban, demeurant à Bordeaux, comme étant aristocrate, du 4 germinal an II (D. Broca est surtout condamné par la Commission « parce qu'elle est convaincue qu'il s'est réuni aux fanatiques qui massacraient les patriotes de Montauban, dans la désastreuse journée du 10 mai).

Bordeaux, Lafforest, in-f°, placard.

68. — La Calomnie démasquée, ou Le Complot qui donna lieu aux Troubles survenus à Montauban le 10 mai, découvert.

Montauban, Vincent Teulières, in-8°, 34 pages. — Cette indication manque à quelques exemplaires.

69. — La cause des troubles de Montauban manifestée, ou la Calomnie confondue par la Lettre que M. Dupuy-Monbrun, commandant général de la Garde nationale montalbanaise, a écrite le 11 mai à M. le Curé de Montauban.

S. l., s. n., in-8°, 4 pages.

70. — *La Lanterne des Français*, par M. Baillio, de la Société des Amis de la Liberté de la Presse (Voir n° IV,

p. 25, *Lettre de Nègrepelisse*, 20 juillet 1790, sur les troubles de Montauban).

<small>Paris, imp. de la Société typographique, in-8° — Ce journal n'eut que 7 numéros (le 1ᵉʳ parut le 17 juillet 1790).</small>

71. — La nouvelle Saint Barthélemi, ou le Massacre horrible des Protestants à Montauban.

<small>S. l., imprimerie patriotique, in-8°, 8 pages.</small>

72. — La prise des Augustins de Montauban, faite par la Municipalité, le Comité permanent et par la Milice nationale de cette ville, suivie de l'artillerie (Satire, vers et prose).

<small>S. l., s. n., in-8°, 6 pages.</small>

73. — L'Assassinat municipal, tragédie en 3 actes, par Siméon Valette (L'auteur a mis en scène, sous des noms déguisés, les Montalbanais qui, d'après lui, avaient pris part aux troubles du 10 mai, notamment les membres de la Municipalité).

<small>Manuscrit original de cette tragédie, inédite, petit in-4°, 70 pages.</small>

74. — Le Cri de la Vérité (Ecrit après la Lettre du duc de Laforce, du 25 mai 1790).

<small>S. l., s. n., in-8°, 19 pages.</small>

75. — Le Massacre de Montauban ou le patriotisme des Bordelais, poème héroïque en deux chants, dédié au brave Courpon, commandant du détachement de la Garde nationale de Bordeaux, par M. Coutanceau, chasseur de la Légion Saint-Pierre de Toulouse.

<small>Bordeaux, de la seconde année de la liberté, in-8°, 12 pages.</small>

76. — Les bons Citoyens au Régiment de Languedoc (C'est une réponse à l'Adresse patriotique au même régiment).

<small>S. l., s. n., in-8°, 3 pages.</small>

77. — Les Prêtres démasqués par les Saints.

<small>Montauban de l'imprimerie de Mgr. Le Tonnelier de Breteuil, évêque, aux dépens des prisonniers du fanatisme, et se distribue à Paris, rue Royale, Butte Saint-Roch, à l'ancien club des Noirs.</small>

<small>S. l., s. n., juin 1790, in-8°, pages. — Bibliothèque nationale.</small>

78. — Lettre de la Garde nationale montalbanaise à M. Poncet-Delpech, député à l'Assemblée nationale (21 mars

1790. (Protestation contre les calomnies adressées à M. Poncet, dans une lettre anonyme signée par des gardes nationaux).

S. l., s. n., in-4°, 4 pages.

79. — Lettre de M. Cérutti à Mme ***.

S. l., s. n., in-8°, 8 pages.

80. — Lettre d'un membre de la Garde nationale montalbanaise, à un de ses concitoyens habitant à Marseille (Montauban, 13 mai 1790).

Suivie de :

Protestation d'une partie des officiers et fusiliers contre toute fédération qui pourrait être faite par des membres de la Garde nationale, 10 mai 1790.

S. l., s. n., in-8°, 15 pages.

81. — Lettre de M. le baron Dupuy-Monbrun, commandant général de la Garde nationale montalbanaise, à M. d'Yzarn de Capdeville, député de ladite Garde à l'Assemblée nationale (datée de Milhau en Rouergue, le 16 mai 1790).

S. l., s. n., in-8°, 12 pages. — Autre édition avec « La Réponse à la Lettre, » imprimée en regard. *S. l., s. n.*, in-8°, 12 pages.

82. — Lettre de Monsieur Faydel, député du Quercy, à ses commettants (Réponse à un article de Garat, refuté aussi par la lettre signée Marignié, le 20 mai 1790).

S. l., s. n., in-8°, 10 pages.

83. — Lettre à M. le Maire de Montauban (Tarbes, 25 mai 1790, signée Le Duc de Laforce, et répondant à une lettre publiée dans *Le Point du Jour*).

Suivie de :

Procès-verbal de la Municipalité de Montauban, 10 mai.

Lettre de MM. les Officiers de Montauban à M. le Président de l'Assemblée nationale (12 mai);

Note envoyée par le duc de Laforce à MM. les rédacteurs du *Journal de Paris* et de la *Gazette universelle*, le 25 mai 1790.

S. l., s. n., in-8°, 32 pages.

84. — Lettre d'un citoyen de Montauban à M. le Comte de..... membre de l'Assemblée nationale (relative aux troubles du 10 mai et favorable à la Municipalité).

S. l., s. n., in-8°, 8 pages.

85. — Lettre à M. Garat le Jeune, député à l'Assemblée

nationale, rédacteur de l'article qui le concerne dans le *Journal de Paris* (Paris, 20 mai, signée Marignié).

<small>S. l., s. n., in-8°, 8 pages. — Autre édition id., id., in-8°, 8 pages.</small>

86. — Lettre de M. le Président de l'Assemblée nationale à M. de Preissac, colonel-commandant de la Garde nationale montalbanaise (Datée de Paris, 19 mars 1790, et relative au projet de formation d'un Corps de volontaires distinct de la Garde nationale).

<small>Montauban, Fontanel, in-8°, 3 pages.</small>

87. — Mandement de M^{sr} l'Evêque de Montauban du 25 avril 1790 (Réimprimé pour répondre au bruit répandu, que ce Mandement, publié en l'absence de Mgr de Breteuil par les Vicaires-généraux, avait produit les malheurs du 10 mai).

<small>(Paris), Knapen, in-4°, 3 pages, sans titre.</small>

88. — Manifeste de la Municipalité de Montauban (relatif aux événements du 10 mai).

<small>Montauban, Vincent Teulières, in-8°, 24 pages. — Autre édition, s. n.</small>

89. — Manifeste des habitants de Montauban adressé à l'Assemblée nationale, au Roi et à toutes les Municipalités du Royaume, particulièrement à celles de Bordeaux et des environs (Protestations contre l'envoi de gens armés, par quelques municipalités, à la suite des troubles du 10 mai).

<small>S. l., s. n., in-8°, 7 pages. — Autre édition, id., 9 pages et le titre.</small>

90. — Mémoire justificatif adressé à l'Assemblée nationale, par les adjudants, sous-officiers et soldats du Régiment de Languedoc (Précédé d'une lettre d'envoi, datée de Montauban, le 10 août 1790).

<small>Montauban, Vincent Teulières, 1790, in-8°, 14 pages et le titre.</small>

91. — Montauban. — Conjuration des Aristocrates contre la Nation. Contre-révolution commencée, et massacre de la garde nationale. Par M. Baillio, montalbanais, volontaire de la Garde nationale parisienne (Paris, 19 mai 1790).

<small>S. l., s. n., 1789, in-8°, 8 pages.</small>

92. — Nouvelles de Montauban. — Lettre d'un Patriote de Montauban, adressée à un membre du club du Café national. — Moissac, le 15 août (1790).

<small>Bordeaux, imprimerie du Café national, in-8°, 4 pages.</small>

93. — Ordonnance de Messieurs les Officiers municipaux de la ville de Montauban, du 3 avril 1790 (relative à la Garde nationale).

Montauban, Vincent Teulières, 1790, in-8°, 6 pages, et placard.

94. — Ordonnance de MM. les Maire et Officiers municipaux de la ville de Montauban, qui déclare une Lettre de la Milice nationale montalbanaise, et le Projet de confédération qu'elle renferme, contraire aux principes de son institution, aux lois et aux décrets de l'Assemblée nationale; supprime en conséquence ladite Lettre, fait défenses d'y donner aucune suite, de rien faire ni entreprendre qui tende à l'exécution dudit Projet; le tout à peine de désobéissance, et sous les autres peines de droit (du 29 mars 1790).

Montauban, Vincent Teulières, in-8°, 12 pages; id. 8 pages; in-4°, 8 pages, et placard.

95. — Ordonnance de MM. les Officiers municipaux de la ville de Montauban, qui donne acte à divers membres de la Garde nationale du désaveu par eux consigné dans une Pétition adressée à la Municipalité, et ordonne que tous les citoyens en état de porter les armes pourront se faire inscrire dans un rôle à ce destiné, pour, d'après ledit rôle fait et rempli, être pourvu en la meilleure forme que de droit, à l'augmentation du nombre des compagnies dans ladite Garde nationale (du 6 avril 1790).

Montauban, Vincent Teulières, 1790, in-8°. 7 pages, et placard.

96. — Ordre du 16 au 17 mai 1790 pour le départ des détachements de la Garde nationale de Bordeaux pour aller à Montauban.

Bordeaux, Levieux, in-8°, 4 pages.

97. — Pamphlet intitulé : « Détail circonstancié de la nouvelle insurrection des Aristocrates de Montauban, arrivée le 21 octobre 1790 ; » avec la Réponse à ce Pamphlet (La Réponse est datée de Montauban, 12 novembre 1790, et signée Auguste Retz, ci-devant comte de Chanclos, capitaine au Régiment de Touraine).

Montauban, Vincent Teulières, in-8°, 25 pages.

98. — Précis de ce qui a rapport au Régiment d'infanterie de Languedoc, dans les malheureux événements arrivés à Montauban le 10 mai 1790, et Lettre d'envoi signée des officiers délégués par ce régiment auprès de l'Assemblée nationale (datée de Montauban, le 5 août 1790).

Montauban, Vincent Teulières, in-8°, 8 pages.

99. — Procès-verbal de la Municipalité de Montauban, touchant les événements malheureux de la journée du 10 mai 1790 (daté du 12 mai).

Montauban, Vincent Teulières, in-4°, 16 pages.

100. — Procès-verbal de l'Assemblée tenue par MM. les députés des Municipalités et des Gardes nationales des villes de Caussade, Caylus, Saint-Antonin, Montpezat, Nègrepelisse, Mirabel, Monclar, Réalville, Bruniquel, Septfonds, Bioule, Lavaurette, Puylaroque, Montricoux, Vaïssac, Albias et Saint Etienne-de-Tulmont (le 26 mai, à l'occasion des troubles de Montauban).

Suivi de :

Lettre de la Municipalité de Montauban, du 23 mai ;

Lettre du Maire de Montauban, annonçant aux députés que, d'après les ordres du Roi, le détachement bordelais ne doit pas dépasser Moissac ;

Lettres desdits députés, datée d'Albias, 26 mai, pour expliquer le but de leur médiation ;

Lettre du Maire et des Officiers municipaux de Montauban, remerciant les députés, dont ils ne peuvent en ce moment accepter les offres généreuses.

Montauban, Fontanel, in-4°, 7 pages.

101. Procès-verbal tenu par MM. les Députés de Toulouse à Bordeaux, depuis leur départ de Toulouse jusqu'à la remise du drapeau de Fédération à la Municipalité de la même ville.

Suivi de :

Ordre pour la Confédération qui doit être faite le 17 juin 1790 ;

Détail de la fête ;

Lettre des Officiers municipaux de Bordeaux aux Officiers

municipaux de Toulouse, 17 et 18 juin.

Toulouse, imp. Desclassan, in-8°, 37 pages.

102. — Procès-verbal de la Confédération jurée sous les murs de Toulouse, le 4 juillet 1790, par les Gardes réunies des départements de la Haute-Garonne, de la Gironde, du Lot-et-Garonne, du Gers, de l'Aude, du Tarn, du Lot, de l'Ariége, de l'Aveyron et autres.

Toulouse, Desclassan, in-8°, 56 pages.

103. Procès-verbal d'élection de cinquante Députés par les Gardes nationales du district de Montauban pour la Fédération générale des Gardes nationales et troupes du Royaume, fixée au 14 juillet 1790 (La réunion pour la nomination des députés, à raison d'un député par 400 Gardes nationaux, eut lieu au Collége, le 25 juin, et les noms des 50 députés nommés furent proclamés le lendemain).

Montauban, Vincent Teulières, in-8°, 7 pages.

104. — Procès-verbal de ce qui s'est passé à Montauban à l'occasion de la Confédération nationale exécutée à Paris le 14 juillet courant.

Montauban, Vincent Teulières, 1790, in-8°, 14 pages.

105. — Procès-verbal du couronnement civique du régiment de Touraine, du détachement de Royal-Pologne, et de la Maréchaussée de Montauban, voté par la Société des Amis de la constitution de Toulouse (contenant plusieurs lettres et discours de MM. Rose, Paviez, Aboul, Combes-Brassard, Gatereau et Pastoret, lus dans un banquet à la salle de spectacle, le 3 octobre 1790).

Montauban, de l'imp. du club des Patriotes (Fontanel), in-8°, 28 pages.

106. — Proclamation de MM. les Maire et Officiers municipaux de la commune de Montauban, qui déclare n'y avoir lieu de prononcer sur une pétition présentée à la Municipalité au nom de la Garde nationale Montalbanaise (du 8 mars 1790).

Montauban, Vincent Teulières, 1790, placard.

107. — Proclamation de Messieurs les Maire et Officiers

municipaux de la ville de Montauban, du 11 mai 1790 (ordonnant la remise des armes dans l'Arsenal).

Montauban, Vincent Teulières, in-8°, 4 pages; id. s. n., 4 pages, et placard.

108. — Proclamation du Roi, du 17 mai 1790 (sanctionnant le décret de l'Assemblée nationale, dudit jour, relatif aux troubles de Montauban).

Montauban, Vincent Teulières, in-8°, 3 pages; id. s. n., 3 pages, et placard.

109. — Proclamation du Roi (du 24 mai).

Montauban, Vincent Teulières, in-8°, 3 pages.

110. — Proclamation de Messieurs les Maire et Officiers municipaux de la ville de Montauban, du 26 mai 1790 (annonçant la prochaine arrivée du lieutenant général de Verteuil).

Montauban, Teulières, in-8°, 4 pages; autre édition, 3 pages, et placard.

111. — Proclamation du Roi pour le rétablissement de la tranquillité et du bon ordre, du 28 mai 1790.

Montauban, Vincent Teulières, in-8°, 3 pages, et placard.

112. — Proclamation de Messieurs les Maire et Officiers municipaux de la ville de Montauban, du 29 mai 1790 (annonçant que le moment est venu de délivrer les citoyens qui sont en prison depuis le 10 mai).

Montauban, Vincent Teulières, in-8°, 4 pages, et placard.

113. — Proclamation de Messieurs les Maire et Officiers municipaux de la ville de Montauban, du 30 mai (annonçant un envoyé du Roi, autre que M. de Verteuil).

Montauban, Vincent Teulières, in-8°, 4 pages, et placard.

114. — Proclamation de Messieurs les Maire et Officiers municipaux de la ville de Montauban, du 31 mai 1790 (relative au rétablissement de la tranquillité publique).

Montauban, Vincent Teulières, in-8°, 4 pages, et placard.

115. — Proclamation de MM. les Officiers municipaux de de la ville de Montauban, du 23 juin 1790 (A l'occasion de la réunion des Gardes nationales du district, fixée au 24 juin, la Municipalité recommande la paix et la concorde).

Montauban, Vincent Teulières, placard.

116. — Proclamation de Messieurs les Maire et Officiers municipaux de la ville de Montauban, du 25 août 1790. (Réponse à la « Lettre d'un Patriote. » Voir le n° 92).

Montauban, Vincent Teulières, 1790, in-8°, 6 pages; autre édition, 3 pages.

117. — Proclamation du Directoire du département du Lot, du 26 août 1790 (datée de Cahors et relative aux troubles de Montauban).

Montauban, Fontanel, in-4°, 6 pages.

118. — Proclamation de MM. les Commissaires exerçant les fonctions municipales dans la ville de Montauban, du 27 octobre 1790 (relatif au séjour de quelques Montalbanais à Bordeaux, où ils craignaient d'être inquiétés depuis les évènements du 10 mai).

Suivie de :

Proclamation de Messieurs les Maire et Officiers municipaux de la ville de Bordeaux, du 20 octobre 1790;

Lettre relative à un sieur Fare, Montalbanais, qui avait été inquiété à Bordeaux dans son commerce.

Montauban, Fontanel, 1790, in-4°, 7 pages.

119. — Proclamation des Commissaires civils envoyés par le Roi dans le département du Lot, en exécution du décret de l'Assemblée nationale du 13 décembre 1791, sanctionné le 17 du même mois. — Du 2 janvier 1791, signée : Léonard Robin et Godard, et publiée par ordre des Commissaires municipaux.

Montauban, Fontanel, in-4°, 8 pages.

120. — Rapport des Malheurs dont la ville de Montauban a été affligée, le 10 mai 1790, fait à l'Assemblée nationale par les citoyens militaires de ladite ville, qui furent assaillis et emprisonnés dans cette désastreuse journée.

Suivi de :

Adresse (des prisonniers du 10 mai) à l'Assemblée nationale;

Liste des citoyens de la ville de Montauban emprisonnés dans la fatale journée du 10 mai 1790 ; de ceux qui y ont été tués, et de ceux qui, après avoir essuyé le feu de la populace, s'échappèrent et ne furent point emprisonnés : avec la désignation du bataillon et de la compagnie auxquels

ils étaient attachés dans la Garde nationale, du grade qu'ils y occupaient, et de leur état ou profession ;
Liste des Officiers municipaux de Montauban.
S. l., s. n., in-8°, 32 pages.

121. — Rapport fait à l'Assemblée nationale, dans la séance du 22 juillet dernier, au nom du comité des rapports, sur les troubles survenus dans la ville de Montauban; par Pierre-Jacques Vieillard, député de la Manche, membre dudit comité.
Paris, Imprimerie nationale, in-8°, 72 pages. — Autre édition, *Montauban, Fontanel,* in-8°, 68 pages.

122. — Rapport de Messieurs J. Godard et L. Robin, commissaires civils, envoyés par le Roi dans le département du Lot, en exécution du décret de l'Assemblée nationale, du 13 décembre 1790. Remis au Roi le 6 avril (1791), par M. Godard, en présence de M. Duport, ministre de la justice, et présenté par lui à Sa Majesté. (Ce rapport, imprimé par ordre de l'Assemblée nationale et daté de Paris, le 15 mars 1791, contient de nombreux détails sur les troubles de Lauzerte, Figeac, Cahors et Montauban).
Paris, Imprimerie nationale, 1791; in-8°, 139 pages.

123. — Récit des troubles survenus à Montauban le 10 mai 1790 (Ecrit quelques jours après ces événements).
Montauban, Vincent Teulières, in-8°, 11 pages. — Autre édition, id., 16 pages.

124. — Récit historique et fidèle des faits qui ont précédé ou suivi la fatale journée du 10 mai 1790, à Montauban (Daté de Montauban, le 28 juin 1790).
S. l., s. n., in-8°, 29 pages.

125. — Récit de la séance de l'Assemblée nationale où a été jugée l'affaire de Montauban, par M. Marignié, citoyen de cette ville (Ecrit après le 17 juillet 1790).
Montauban, Vincent Teulières, 1790, in-8°, 14 pages. — Autre édition (*Paris*), *imp. Potier,* in-8°, 18 pages.

126. — Recueil des Lettres écrites à MM. les Officiers municipaux de Montauban, par M. Guignard-Saint-Priest (les 19 avril, 20, 22, 27, 28 et 29 mai, 11, 17 et 25 juin, relatives à la Garde nationale et aux mesures prises par le

Roi pour le rétablissement de la tranquillité à Montauban).

Paris, Imprimerie royale, in-4°, 6 pages. — Autre édition, *s. l., s. n.,* in-8°, 8 pages.

127. — Réflexions sur le décret du 30 avril 1790, au sujet des Gardes nationales.

Montauban, Vincent Teulières, 1790, in-8°, 7 pages.

128. — Réflexions à mon ami, sur les troubles de Montauban (Attribué à M. Lade, procureur de la commune de Montauban).

S. l., s. n., in-8°, 24 pages.

129. — Réfutation d'une *Lettre* et d'un *Précis* des Officiers du régiment de Languedoc, publiés sous le titre de *Justification,* par des Patriotes de Montauban (14 août 1790).

Bordeaux, imprimerie du Café national, in-8°, 12 pages.

130. — Règlement provisoire pour la Milice-bourgeoise patriotique de la ville de Montauban (arrêté dans l'Assemblée générale du 11 septembre 1789).

Montauban, Ch. Crosilhes, libr. — Impr. Fontanel, in-4°, 15 pages.

131. — Relation fidelle de l'horrible aventure de Montauban et des causes qui l'ont préparée (Ecrit après l'arrivée de M. Dumas, officier général envoyé par le Roi).

S. l., s. n., in-8°, 50 pages. — Quelques exemplaires sont signés : « Les citoyens patriotes de la ville de Montauban. »

132. — Relation de ce qui s'est passé à Montauban, à laquelle on a joint le nom des patriotes qui sont détenus dans les prisons. Sur l'invitation des patriotes du Café national.

Bordeaux, 2ᵉ *année de la liberté,* in-8°, pièce. — La liste des prisonniers est aussi publiée dans le *Rapport des malheurs,* etc. Voir le n. 120.

133. — Réponse à quelques articles d'une Lettre de M. le baron Dupuy-Monbrun à M. Izarn-Capdeville, qui inculpent aussi injustement que méchamment le Clergé de Montauban. — Signée : Un membre du Clergé de Montauban (l'abbé de Mondésir).

S. l., s. n., in-8°, 12 pages.

134. — Réponse des Officiers municipaux de Bordeaux à ceux de Toulouse (31 mai 1790).

135. — Réponse à la Lettre d'un citoyen de Nîmes à son ami de Montauban, sur les troubles de cette première ville, dans laquelle on trouve le Récit de tout ce qui s'est passé à Paris lors du décret rendu contre la Municipalité de Montauban (Cette Lettre est écrite après le 13 août 1790. — Voir la « Lettre d'un citoyen de Nîmes, » n° 147.
S. l., s. n., in-8°, 21 pages.

136. — Réponse de M. Cérutti à la Lettre de M. l'abbé Arthur Dillon.

Suivie de :

Mémoire circonstancié envoyé par la Garde nationale de Montauban au comité des rapports (Ecrit après le 9 juin).
Paris, Desenne, libraire, 1790, in-8°, 59 pages.

137. — Réveil. — Discours prononcé le 15 août 1790, seconde année de la liberté, à la Confédération de toutes les Gardes nationales du département du Lot, à Cahors, par M. Delthil fils, soldat citoyen de la Légion de Moissac, au nom de ses camarades (L'orateur rappelle les événements du 10 mai).
Montauban, imp., Fontanel. in-8°, 4 pages.

138. — Séance de l'Assemblée nationale sur l'affaire de Montauban (et décret du 17 mai 1790).
S. l., s. n., in-8°, 8 pages.

139. — Sentence du Tribunal de police de la ville de Paris, qui supprime le n. 4 d'un Libelle intitulé : *Orateur du Peuple,* en ce qu'il est attentatoire à la réputation de M. de La Force (du 26 juin 1790. — Le sieur Martel est désigné comme l'auteur de ce libelle, écrit au sujet du 10 mai).
Paris, veuve Hérisson, imprimeur du Roi, 27 juillet 1790, placard.

140. — Siége de la ville de Montauban par les armées combinées de Bergerac, de Toulouse et de Bordeaux, et vengeance éclatante des assassinats commis dans cette ville par les ennemis de la nation.
Paris, imprimerie Girard, in-8°, 8 pages.

141. — Société des amis de la constitution de Toulouse,

aux membres qui composent le comité des rapports de l'Assemblée nationale (Toulouse, 1791).

..... in-8°, 13 pages. — Copie manuscrite.

142. — Un Patriote montalbanais aux Français (Cet écrit répond aux adresses des Catholiques montalbanais au Roi et à l'Assemblée nationale.

Montauban, Fontanel, 1790, in-8°, 16 pages.

143. — *Vivre libre ou mourir*. — Adresse de la Société des Amis de la constitution de la ville de Cahors aux citoyens de Montauban (à l'occasion des malheurs du 10 mai).

Sur l'impr., à *Cahors, Montauban, imp. Fontanel*, 1790, in-8°, 7 pages.

SUPPLÉMENT.

144. — Copie d'une Lettre de M. le baron de Menou, publiée par la Garde nationale montalbanaise (datée de Paris, le 17 janvier 1790).

S. l., s. n., in-8°, 4 pages.

145. — Discours de M. Dupuy-Monbrun, général de la Garde nationale montalbanaise (le 25 mars 1790).

Montauban, Fontanel, in-8°, 7 pages.

146. — Lettre de la Garde nationale de Bordeaux à la Garde nationale montalbanaise (datée du 26 avril 1790 et signée : Le duc DE DURAS).

Montauban, imp. Fontanel, in 8°, 4 pages.

147. — Lettre d'un Citoyen de Nîmes à son ami à Montauban, au sujet des troubles de cette première ville — juillet 1790.

S. l., s., n., in-8°, 36 pages.

148. — Notice biographique de M. D'Elbreil, ancien avocat général de la Cour des aides de Montauban, et membre de la Chambre des députés sous la Restauration, par un de ses enfants. (L'auteur de cette notice, M. Isidore D'Elbreil a consacré plusieurs pages aux événements du 10 mai, d'après les notes laissées par son père, qui à cette époque était membre du Comité catholique).

Toulouse, imp. Douladoure, 1868, in-8°, 352 pages.

149. — Mémoire sur l'Affaire de Montauban. (Dans cet écrit, M. D'Elbreil père, ancien avocat à la Cour des aides de Montauban, rappelle les malheurs du 10 mai, et donne ensuite de longs détails sur les projets de résistance à la Terreur, essayés en 1793 et fructidor an VII dans notre ville).

Montauban, imp. C. Crosilhes, in-8°, 82 pages.

150. — Adresse du Conseil général de la commune de Montauban.

Montauban, imp. Fontanel, in-8°, 8 pages.

151. — Dénonciation du régiment de Languedoc.

Nous n'avons pas retrouvé ce document, qui fut envoyé à l'Assemblée nationale. Voir p. 62.

152. — Lettre à l'auteur des *Révolutions de Paris*, sur la manière dont s'est conduit le Pouvoir exécutif dans l'affaire de Montauban. (Cet article avait paru dans le n° 45.)

Copie manuscrite de cette Lettre, probablement inédite, in-4°, 5 pages.

153. — Mémoire circonstancié envoyé par la Garde nationale de Montauban au comité des rapports.

Ce Mémoire est réimprimé dans le n° 136.

154. — Procès-verbal de la Municipalité de Montauban envoyé à l'Assemblée nationale.

A la page 30 :

Copie de la lettre de MM. les Officiers de Montauban à M. le Président de l'Assemblée nationale. (C'est le procès-verbal n° 99, auquel a été ajoutée la Lettre des Officiers municipaux.)

S. l., s. n., in-8°, 31 pages.

155. — Rectification au sujet des évènements de Montauban.

Le n° 87 est inscrit sous le titre ci-dessus dans le *Catalogue* de l'histoire de France à la Bibliothèque nationale.

156. — Procès-verbal de l'arrivée et du séjour à Montauban du général Dumas, envoyé par le Roi pour rétablir la paix.

Livre Jaune, n° 2, f°⁸ 1-4; nous le reproduisons ci-après, p. 93.

Tous les journaux de Paris, notamment le *Moniteur*, dont nous avons donné le résumé, p. 56-63, ainsi que ceux de Bordeaux et de Toulouse, s'occupèrent en 1790 des troubles de Montauban ; cependant, nous n'indiquerons que les feuilles suivantes, imprimées dans notre ville.

157. — *Journal des Débats et des Décrets.*

Quelques numéros de ce journal, publié à Paris, et contenant le récit de ce qui s'était passé à l'Assemblée nationale, furent réimprimés par Fontanel et Teulières ; nous avons ceux du 10 mars et du 8 avril 1790, portant le compte-rendu des séances consacrées aux Affaires de Montauban.

158. — *Journal national*, contenant tout ce qui s'est passé à l'Assemblée nationale.

Commencé le 20 juillet 1789 et publié à Montauban, d'abord une, puis deux fois par semaine, 8 à 16 pages in-8°, par Teulières, ce journal existait encore le 23 septembre 1791. — Après l'émeute du 15 juin 1791, pendant laquelle l'établissement de cet imprimeur fut envahi et pillé, le *Journal national* parut sous le nom de Jean Sagnes, un des ouvriers de Vincent Teulières.

159. — *Nouvelles intéressantes.*

Fontanel publia ce journal tous les samedis, 8 pages in-8°, depuis le 7 novembre 1790 jusqu'au 2 mars 1793. Le tome 1ᵉʳ (1790-91) a 58 numéros, formant 464 pages ; le tome II (1792), 53 numéros et 428 pages ; la pagination recommence dans chacun des 8 numéros publiés du 6 janvier au 2 mars 1793. A cette dernière date l'éditeur annonçait la suspension de ce journal.

160. — *Récit ou Journal de ce qui s'est passé à Montauban de 1789 à 1799.*

Manuscrit autographe, collection Forestié, à publier.

Pour compléter la *Bibliographie* du 10 mai 1790, nous indiquerons dans nos Archives municipales quelques livres et registres, contenant de nombreux renseignements sur cette époque :

Le *Livre Rouge neuf*, qui commence en 1774 et finit au 22 février 1790. Ce registre est incomplet de trois mois ; les derniers feuillets ont disparu depuis longues années ;

Le *Livre Jaune* n° 2, commençant le 31 mai 1790 et finissant le 1ᵉʳ vendémiaire an VI ;

Les registres du conseil général de la commune, du conseil de police, du conseil municipal, de la garde nationale et des sociétés populaires, mis en ordre en 1876-80, pendant que nous étions chargé de la conservation des Archives municipales de la ville de Montauban.

GRAVURES

Nous ne connaissons que trois gravures publiées à l'occasion du 10 mai, et qui font partie de notre collection bibliographique, avec presque tous les écrits relatifs au 10 mai 1790 :

1. — Les premiers Martyrs de la Liberté française, ou le Massacre de la Garde nationale de Montauban, le X may M. DCC. LXXXX, dédié à l'Armée Bordelaise.

Composé par B. Espinasse.   *J.-B. Simonet, sculp.*

Au-dessous du titre on lit, gravé sur deux colonnes, le récit des malheurs du 10 mai, avec la liste des morts, des blessés et des prisonniers.

Le dessin représente à gauche le corps de garde de l'hôtel-de-ville, et sur le même plan une grande église, ayant deux tours terminées en pyramide, et une flèche au-dessus de la coupole centrale. Dans le fond on voit une grosse tour ronde, et à droite de grandes maisons dont toutes les fenêtres sont occupées par des femmes, applaudissant pendant le défilé des prisonniers, qui marchent pieds nus et ont leur veste sous le bras. Un magistrat, tenant un drapeau blanc déployé, précède le cortège, où l'on distingue les grenadiers et les chasseurs du régiment de Languedoc. Le dessinateur n'a pas oublié surtout des moines et des prêtres, armés de fusils, de sabres ou d'épées, portant la croix à la main. Devant le corps de garde, un officier de la milice nationale est entouré par des forcenés qui le menacent de leur poignard.

Cette composition, dessinée avec soin et gravée sur cuivre, est aussi fantaisiste, aussi inexacte pour le lieu de la scène, que le récit qui en donne l'explication.

La gravure a 36 centimètres sur 56, non compris le texte, et

7.

est *imprimée par Damour*, probablement à Paris. Les exemplaires sont assez rares.

2. — Massacre des Patriotes de Montauban, le 10 mai 1790.

Prieur, inv. et del. *Berthault, sculp.*

Cette gravure, faite d'après la précédente pour le lieu de la scène, est toute différente pour la composition. Il n'y a pas le défilé des prisonniers ; c'est un combat dans la rue, inventé par le dessinateur, et que semble diriger un moine, monté sur des balles de marchandises, et tenant d'une main une épée, de l'autre une croix. La mêlée est générale; les combattants échangent des coups de fusil, de sabre ou de hache ; les blessés et les morts sont nombreux au premier plan. Ce dessin, fort médiocre, très mal imprimé, est complètement contraire à tous les récits, même les plus inexacts.

La gravure a 20 centimètres sur 30. Nous ignorons le nom de son éditeur ; elle est encore quelquefois annoncée sur les catalogues des libraires de Paris, au prix de 2 fr.

3. — Vue de la Place Sainte-Catherine de Moissac, au moment du départ du premier détachement de Champagne et des troupes nationales bordeloises, commandées par M. Courpon, major-général de l'armée, expédiée par les ordres de la Municipalité et du Conseil militaire, pour ramener le bon ordre dans la ville de Montauban. — Dédié aux Amis de la Constitution. — Levé et dessiné par H. Laclotte, architecte et officier du corps des sapeurs et mineurs, à Moissac le 1ᵉʳ juin 1790.

A Bordeaux, chez Jogant, *Et à Paris, chez Guyot,*
rue du Chapeau-Rouge. *rue Saint-Jacques,* 10.

Dans cette rare gravure, qui est imprimée sur cuivre, et en plusieurs couleurs, on remarque des retouches à la main. Elle a 18 centimètres sur 28, non compris le titre ci-dessus, que nous reproduisons textuellement. — On n'en connaît que trois ou quatre exemplaires.

DOCUMENTS OFFICIELS.

PROCÈS-VERBAL

de l'arrivée et du séjour à Montauban du général Dumas, envoyé par le Roi pour rétablir la paix dans cette ville (¹).

Nous, maire et officiers municipaux de la commune de Montauban, soussignés, rapportons que le 28 mai courant, M. de Cieurac, maire, reçut, vers l'heure de midi, un courrier qui lui apportait une lettre de M. Dumas, envoyé du Roi, dans laquelle il annonçait que, retenu encore pour quelques moments à Moissac, il allait arriver à Montauban, où M. le baron de Verteuil, lieutenant général des armées du Roi, et chargé de ses ordres, était hors d'état de se rendre ; qu'il y portait le plus vif désir d'y rétablir la paix et la tranquillité, et d'y coopérer avec les officiers municipaux.

Pourquoi M. le Maire, ayant fait inviter les dits officiers municipaux de venir chez lui à deux heures de l'après-midi, M. de Gironde, de Reganhac, Teulières, Vialètes d'Aignan, Arnac, Bernoy, Satur, Lagarrigue, officiers municipaux, et Ladé, procureur de la commune, s'y sont rendus. Et M. le Maire leur ayant fait part de la lettre de M. Dumas, il a été d'abord mis en question si les officiers municipaux iraient attendre son arrivée dans la maison commune. L'affluence et le concours du monde que l'arrivée de l'envoyé du Roi y attirerait, la curiosité qui les y retiendrait, la difficulté de l'éloigner, et l'impossibilité d'y délibérer ensuite paisiblement, ont déterminé à attendre M. Dumas chez M. le Maire.

Il est effectivement arrivé vers les quatre heures, accompagné

(1) Ce document si important n'a pas encore été publié en entier : nous le reproduisons textuellement, d'après le *Livre Jaune*, n° 2, folios 1-4, qui est conservé dans les Archives municipales.

de M. Delarue, son beau-frère, aide-de-camp de M. de Lafayette. Nous lui avons d'abord témoigné le plaisir que nous ressentions de revoir parmi nous un militaire chargé des ordres du Roi, que la plupart d'entre nous avaient vu autrefois attaché au régiment de Médoc, et nous nous sommes félicités qu'il vînt maintenir la paix dans une ville où il avait porté ses premières armes. Il nous a dit que tout lui rendait ce souvenir infiniment cher, et qu'il regarderait comme le plus beau jour de sa vie, celui où il réussirait à terminer les malheurs d'une ville à laquelle il était attaché par le patriotisme et l'intérêt le plus tendre.

Et un instant après, ayant congédié tous ceux qui l'avaient suivi dans le cabinet de M. le Maire, M. Dumas, les officiers municipaux, et M. le chevalier de Laferrière, major du régiment de Languedoc, se sont retirés dans le salon de compagnie.

Là, M. Dumas a remis aux dits officiers municipaux sa lettre de créance de M. le comte de Saint-Priest, ministre et secrétaire d'Etat, portant que M. Dumas doit être employé sous les ordres de M. le baron de Verteuil en qualité de maréchal général des logis, et servir à toute autre commission qui sera jugée nécessaire pour le bien du service du Roi.

Les ordres du Roi s'adressant directement à M. le baron de Verteuil, chargé de les faire exécuter, M. Dumas a remis un rapport de médecins qui constate l'état d'infirmité où se trouve M. le baron de Verteuil, fait en présence de sa famille.

Il a lu ensuite la lettre du Ministre au baron de Verteuil et les instructions qui lui étaient adressées par le Ministre de la guerre, signées de lui, l'une et l'autre autorisant M. Dumas, au défaut de M. le baron de Verteuil.

L'objet de la mission de ces officiers généraux étant l'exécution pleine et entière des décrets de l'Assemblée nationale, et le retour du calme et de la paix dans la ville de Montauban, avec ordre d'y employer les troupes réglées de la province et les troupes nationales, s'il en était besoin, les officiers municipaux ont dit que leur adhésion aux décrets était pleine et entière, qu'ils étaient tous exécutés par la Municipalité avec zèle, et que la ville jouirait du calme et de la paix si elle n'y avait pas été troublée de nouveau par l'approche d'un détachement de l'armée bordelaise.

M. Dumas a répondu qu'il fallait regarder l'armée bordelaise plutôt comme un secours pour ramener la paix parmi les citoyens, que comme une armée arrivant avec des intentions hostiles ; que sa marche et son transport à Moissac étant autorisés par l'Assemblée nationale et par le Roi, il ne lui était plus permis de s'en retirer qu'après l'exécution des décrets ; que par ceux des 17 et 19 du mois courant, tous les citoyens étaient mis sous la protection de la loi, et qu'il y avait dans les prisons 55 citoyens qui gémissaient sous l'oppression populaire, tandis qu'ils devaient être sous la sauvegarde de la loi.

Après avoir expliqué à M. Dumas les circonstances malheureuses du jour où les prisons s'ouvrirent pour eux comme un asile, et lui avoir appris que depuis la Municipalité n'avait fait ni dénonce ni remise du procès-verbal, et que, pénétrée de l'imprudence affligeante de tant de citoyens, elle n'avait point voulu chercher parmi eux des coupables, nous lui avons fait connaître le vœu qu'elle exprima unanimement avec le conseil général des notables, renforcés des pères de famille intéressés, le 19 mai courant, de rendre la liberté dès ce moment aux détenus, et de surseoir néanmoins jusqu'au retour des députés envoyés au-devant de l'armée bordelaise, et qu'à cet égard son intention fut rendue publique par l'impression et l'affiche de la délibération du 19.

Qu'au retour des députés le même vœu fut exprimé dans la délibération du 22 du même mois, et que l'on prit tous les moyens de le mettre à exécution ; à quoi le ressentiment du peuple s'était opposé, et ce qu'ensuite M. le comte Desparbès, arrivé le soir, avait tenté vainement d'exécuter.

Alors M. Dumas proposa de faire une proclamation pour éclairer le peuple sur son véritable intérêt, le porter à la conciliation, et consentir, en rendant la liberté à des citoyens infortunés, à éloigner de lui tous les sujets d'alarme et de crainte.

La proclamation ayant été délibérée, M. Dumas avec le maire et les officiers municipaux se rendirent à la maison commune, où l'envoyé du Roi parla au peuple et lui porta des paroles de paix qui furent applaudies. De là il se transporta avec les officiers municipaux dans les places publiques, où il tint à différentes reprises le même langage ; il parcourut les promenades et rentra chez le Maire vers les huit heures du soir.

Le lendemain, après dix heures du matin, le maire et les officiers municipaux furent rendre visite à M. Dumas. On y lut la première épreuve de la proclamation qui allait être affichée, et dont on attendait le plus grand effet.

M. Dumas, avec le Maire et quelques officiers municipaux, se montra dans les endroits les plus fréquentés de la ville. A travers les témoignages de satisfaction et de confiance personnelle que le peuple lui donna partout, il reconnut sans peine la résolution ferme où il était de ne consentir à la liberté des prisonniers qu'autant que l'armée bordelaise ferait retraite. Il conçut donc et communiqua le dessein où il était d'envoyer au commandant de cette armée M. Delarue, son beau-frère, pour lui porter un ordre de tenir dès le lendemain ses troupes prêtes à reprendre le chemin de Bordeaux, attendu l'entière exécution des décrets des l'Assemblée nationale dans la ville de Montauban, le rétablissement de la paix, et l'élargissement des prisonniers; il y joignit la proclamation affichée.

Pour l'exécution de ce projet, la voiture, attelée de chevaux de poste, était avant trois heures devant la porte de l'hôtel qu'occupait M. Dumas. Ces préparatifs, ce départ, et son objet qui avait transpiré, attirèrent un concours de monde prodigieux; quelques officiers municipaux, qui étaient pour lors auprès de M. Dumas, firent prier M. le Maire et les officiers municipaux qui étaient chez lui, de se rendre tous chez M. Dumas.

Celui-ci, assuré du vœu constaté depuis longtemps de la Municipalité, de celui de la Garde nationale, que plusieurs officiers de ce corps lui avaient porté et dont il venait d'entretenir un grand nombre de volontaires rassemblés dans la première pièce de son appartement, parut à une des fenêtres de son hôtel, ayant auprès de lui M. le Maire et M. de Chaunac : il parla avec l'énergie de l'âme et du sentiment à une foule innombrable de peuple répandu d'un bout de rue à l'autre; il lui témoigna d'abord le désir qu'il avait de le voir heureux et tranquille; que le moyen d'assurer cette tranquillité dépendait de lui; qu'il ne pouvait pas douter que le retour à la paix dans la ville de Montauban ne tînt infiniment à cœur à l'Assemblée nationale et au Roi, et que l'élargissement des prisonniers produirait cet effet; que connaissant depuis longtemps le courage et la générosité des Montalbanais, c'était par la confiance qu'il avait dans leur caractère qu'il avait pris la résolution d'envoyer ordre au commandant du détachement de se disposer à reprendre le chemin de Bordeaux;

qu'il allait lui envoyer son beau-frère pour cela ; qu'il resterait en ôtage parmi eux. Il lut la lettre dont son beau-frère allait être chargé.

Le peuple applaudit avec transport. M. Dumas descend à l'instant, embrasse son beau-frère, qui part au milieu des applaudissements. On propose à M. Dumas, dès qu'il fut remonté, de profiter de l'enthousiasme du moment. D'un autre côté on craignait de hasarder une sortie si souvent contrariée, sans avoir pris aucune précaution, lorsqu'un jeune citoyen de la garde nationale, le sieur Gerlié fils, député par le peuple, vint demander en son nom que les prisonniers sortissent à l'instant.

Aussitôt M. Dumas, le Maire, les officiers municipaux et les citoyens qui se trouvaient là, se portent à l'envi vers les prisons. M. Dumas, avant d'entrer dans la cour du Sénéchal, se tourne vers le peuple et lui dit qu'il s'est rendu ici à ses ordres et non pour lui en donner. « Vous m'avez fait demander la liberté de vos frères. Avons-nous besoin pour cela de forces étrangères? » On lui répondit que non. « Jurons tous, leur dit-il alors, par la majesté du Dieu qui habite plus particulièrement dans ce temple (en indiquant l'église paroissiale qui est en face), que vous défendrez les jours de vos frères captifs, s'ils étaient attaqués. » « Nous le jurons, répondit avec fermeté le peuple attendri. » On court aux prisonniers, on les embrasse; et ils serrent dans leurs bras leurs libérateurs ; ils sortent de la cour, et sont vus avec attendrissement par le peuple, qui applaudit à leur sortie. Les officiers municipaux et les citoyens qui étaient venus avec eux se distribuent différents quartiers, et ramènent jusques dans leur maison ces citoyens, qui reçoivent sur leur passage, de la part de leurs concitoyens, des témoignages d'intérêt et d'amitié.

Cependant, à mesure que les prisonniers paraissaient devant le peuple, M. Dumas le louait de sa générosité, de son courage et de sa bonté : il lui disait que la nouvelle la plus consolante que le Roi eût reçue depuis le commencement de son règne, serait d'apprendre que sa ville de Montauban jouissait de la paix et que le calme y était rétabli ; il l'invitait à la concorde et à l'union. Enfin, il appelle le député du peuple, qui était venu demander en son nom l'élargissement des prisonniers ; il l'embrasse et lui fait présent d'une médaille qui représente l'entrée du roi dans la ville de Paris, le 6 octobre dernier, en disant que cette médaille est

de peu de valeur, mais qu'elle est précieuse par son exacte ressemblance avec l'effigie du Roi.

M. Dumas se rendit chez M. le Maire, et y expédia de suite un courrier au commandant de l'armée bordelaise, portant un ordre positif de retourner à Bordeaux dès le 30 mai. Il en fit partir un autre pour l'Assemblée nationale et pour les ministres du Roi, pour leur rendre compte du succès de sa mission et de l'heureux effet qu'elle avait déjà produit pour le retour à la paix.

Et de tout ci-dessus avons rédigé le procès-verbal et l'avons clos à Montauban, le trente-un mai mil sept cent quatre-vingt-dix.

Cieurac, maire; Valet de Reganhac, Teulières, Vialetes d'Aignan, Bernoy, de Gironde, Mialaret, Arnac, Vignals, Satur, Martin, signés.

OFFICIERS MUNICIPAUX
de la commune de Montauban pour l'année 1790.

Maire.

De Godaille d'Ayrac, chevalier, marquis de Cieurac.

Officiers municipaux.

Caminel, lieutenant-criminel honoraire en la Sénéchaussée.
Comte Octavien de Gironde.
Valet de Reganhac, trésorier de France.
Disses, procureur au Présidial.
Pierre Portal aîné, négociant.
L'abbé Domingon, prévôt du Chapitre.
Bernard-Armand Teulières, avocat au Parlement.
Dominique Mialaret, avocat au Parlement.
Vialetes d'Aignan aîné, négociant.
Arnac fils, négociant.
Blazy de Bernoy, écuyer.
Satur, conseiller en la Cour des Aides.
Lagarrigue, avocat au Parlement.
Antoine Vignals, ex-procureur.

Procureur de la Commune.

Lade, trésorier de France, procureur.
Séguy de Castelnau, avocat au Parlement, substitut.
Antoine Martin le jeune, secrétaire-greffier.

GARDES NATIONAUX TUÉS OU BLESSÉS LE 10 MAI.

Gardes-nationaux tués :

Rouffio-Crampes, Benjamin, 33 ans, négociant, capitaine commandant la compagnie de dragons.
Garrisson, Louis, 26 ans, négociant, dragon.
Mariette-Varennes, Pierre, 32 ans, fabricant de bas de soie, dragon.
Delon, Jean, 40 ans, bourgeois, sous-lieutenant au 1er bataillon.
Duchemin, Georges-François, ans, directeur de la régie des étapes et des convois militaires, lieutenant de dragons.

Gardes-nationaux blessés :

Seguela, négociant, sous-lieutenant de dragons.
Bergis, Pierre, négociant, maréchal des logis de dragons.
Lapeyre cadet, négociant, dragon.
Baillio-Lamothe, négociant, dragon.
Gatereau, apothicaire, dragon.
Mérignac, Guillaume, négociant, capitaine au 1er bataillon.
Montanier cadet, bourgeois, sous-lieutenant au 1er bataillon.
Garrisson fils aîné, négociant, fusilier au 1er bataillon.
Bergis, Isaac, négociant, fusilier au 1er bataillon.
Espinasse, Barthélemy, négociant, caporal au 1er bataillon.
Rouffio-Lacoste, négociant, fusilier au 1er bataillon.
Prat, Etienne, tondeur, fusilier au 1er bataillon.
Combes-Brassard fils, bourgeois, fusilier au 1er bataillon.
Constans-Laborie, bourgeois, caporal au 2e bataillon.
Bergis du Moulin, négociant, fourrier au 2e bataillon.
Romagnac, François, négociant, capitaine au 3e bataillon.

Le décès de Rouffio, Garrisson et Mariette est inscrit sur les registres des protestants à la date du 11 mai ; celui de Delon, au 14, parce qu'il ne succomba à ses blessures que le 12. Ainsi que nous l'avons dit, p. 74, Georges Duchemin fut enterré, le lendemain des troubles, à Léojac, et son décès n'est constaté sur les registres des catholiques de Montauban qu'au 11 avril 1791. Ce jour-là, en vertu d'une ordonnance du tribunal du district, son corps fut exhumé et transporté dans le cimetière de la paroisse Saint-Jacques, en présence des autorités, d'une partie de la Garde nationale et d'un détachement du régiment de Touraine. (*Nouvelles intéressantes*, n° 22, p. 175.) — L'ancien cimetière de Saint-Jacques, situé à Sapiac, en face des Bains-Nouveaux, est planté de mûriers depuis la création du jardin d'horticulture.

Le rapport des chirurgiens porte à dix le nombre des blessés parmi le peuple, mais nous ne pouvons indiquer leurs noms, n'ayant pas retrouvé ce document. — Voir p. 44.

TABLE.

AVANT-PROPOS.

Le 10 mai 1790 à Montauban...............	1
Le 13 juin 1790 à Nîmes..................	3
Le 22 oct. 1815 à Montauban..............	7

RÉCIT DES TROUBLES.

Faits qui ont précédé ces troubles...............	9
La journée du 10 mai...........................	34
Les suites de cette journée.....................	58
Épilogue.......................................	64

BIBLIOGRAPHIE.

Écrits relatifs aux troubles du 10 mai...........	65
Journaux imprimés à Montauban qui se sont occupés de cet évènement...............................	90
Livres et Registres municipaux contenant des renseignements à ce sujet...........................	90
Gravures publiées à cette occasion...............	91

DOCUMENTS OFFICIELS.

Procès-verbal de l'arrivée et du séjour à Montauban du général Dumas, envoyé par le Roi pour rétablir la paix parmi les Montalbanais.............	93
Officiers municipaux de la commune de Montauban pour l'année 1790................................	96
Gardes nationaux tués ou blessés le 10 mai.......	99

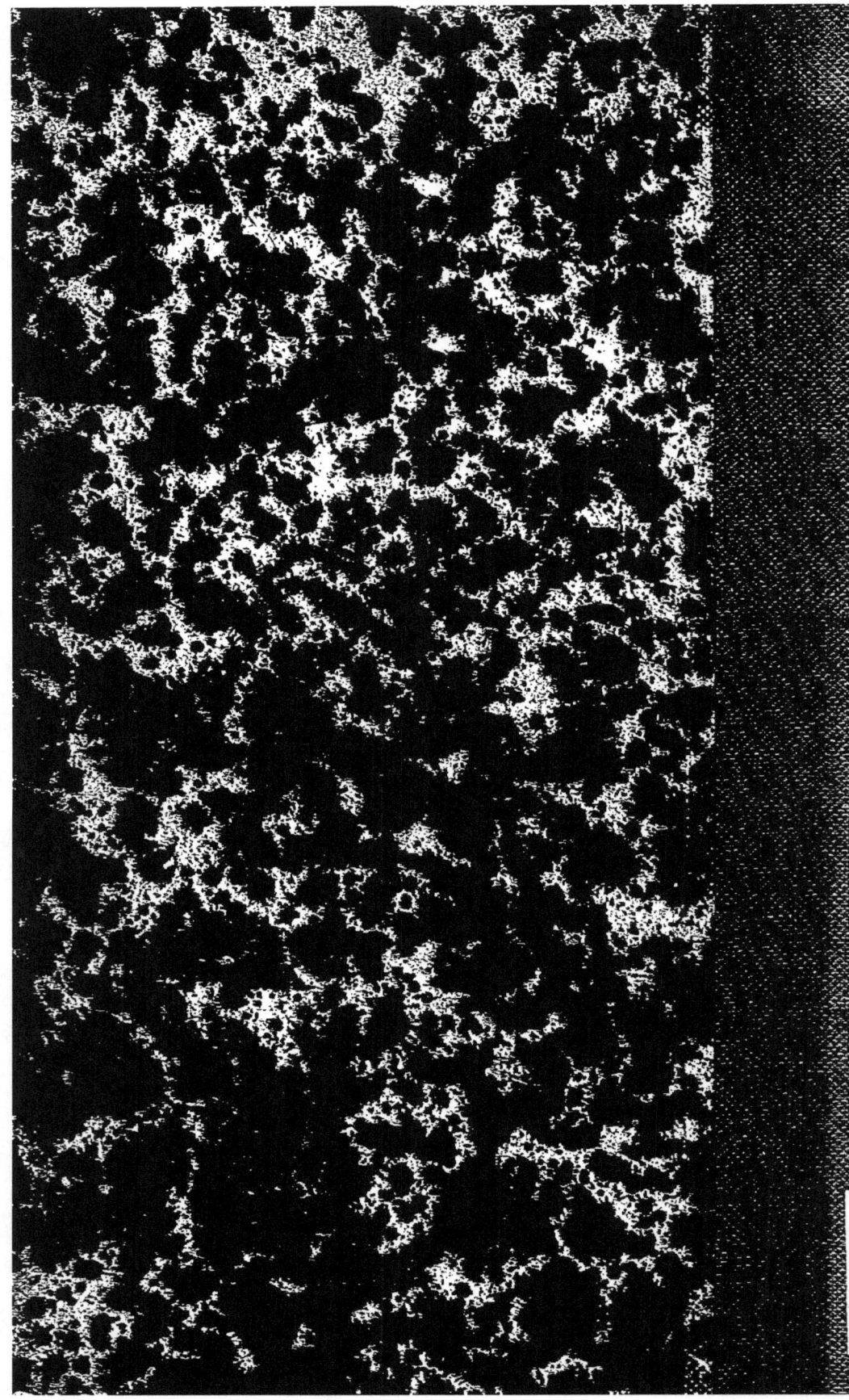

www.ingramcontent.com/pod-product-compliance
Lightning Source LLC
Chambersburg PA
CBHW070252100426
42743CB00011B/2235